only for Certified Public Accountant

MACRO ECONOMICS
CPA 거시경제학 마인드

윤지훈 편저

Contents

chapter 1
거시경제학의 기초
- 01 거시경제와 관련된 기초 /3
- 02 국민소득의 측정 /4
- 03 고전학파의 국민소득결정이론 /7
- 04 케인즈의 국민소득결정이론 /10
- 05 거시경제학의 흐름 /14

chapter 2
소비함수와 투자함수
- 01 소비이론의 기초 /15
- 02 쿠즈네츠의 실증분석 /15
- 03 절대소득가설 /16
- 04 상대소득가설 /16
- 05 시점간 자원배분과 소비이론 /17
- 06 투자이론의 기초 /23
- 07 전통적 투자이론 /23
- 08 현대적 투자이론 /25

chapter 3
화폐금융론
- 01 화폐와 금융, 금융제도 /28
- 02 화폐공급 이론 /28
- 03 고전학파 계열의 화폐수량설 /31
- 04 케인즈의 화폐수요이론 /33
- 05 케인즈 학파의 화폐수요이론 /34
- 06 화폐금융정책 /36
- 07 채권과 금리스프레드 /40

chapter 4
총수요-총공급이론
- 01 생산물 시장과 IS곡선 /42
- 02 화폐 시장과 LM곡선 /46
- 03 먼델-토빈효과, 유동성효과, 피셔효과 /50
- 04 $IS-LM$ 승수 및 AD곡선의 도출 /52
- 05 AS곡선의 도출 /54
- 06 총수요-총공급 충격과 관련된 사례 문제의 해결 /56
- 07 리카도 대등정리 /59
- 08 학파별 $IS-LM$, $AD-AS$, 정책의 효과 비교

chapter 5
실업과 인플레이션
- 01 실업 /61
- 02 물가와 인플레이션 /64
- 03 필립스곡선 /66

chapter 6
학파별 비교
- 01 고전학파와 케인즈 /70
- 02 케인즈학파와 통화주의학파 /70
- 03 새고전학파와 새케인즈학파 /71
- 04 학파별 정리 /74

chapter 7
경기변동, 경제발전, 경제성장
- 01 경기변동 개념과 주요지수 /76
- 02 실물경기변동론자의 경기변동이론 /76
- 03 화폐적 경기변동이론 /79

04 새케인즈 학파의 경기변동론 /80
05 새고전학파와 새케인즈학파의 대립 /81
06 경제성장과 관련한 정형화된 사실과 성장회계방정식 /83
07 외생적 성장이론 /84
08 내생적 성장이론 /89

chapter 8
국제무역이론

01 국제거래의 종류와 국제경제학의 이해 /91
02 생산을 하는 경제에서 오퍼커브의 도출 /93
03 리카도 무역이론 /93
04 특정요소 모형 /96
05 헥셔–올린 모형 /98
06 규모의 경제 존재 시 완전 특화
07 아웃소싱 모형 /100
08 산업내 무역이론 /101
09 순수독점 산업에서 무역개방과 관련된 부분균형분석 /102
10 국가간 생산요소의 이동 /104
11 직접투자와 간접투자 /104
12 관세 /105
13 비관세 수입장벽 /107
14 비관세 수출촉진수단 /108
15 기타 비관세 수단 /109
16 규모의 경제가 있을 경우 정부의 생산 개입 필요성 /110
17 전략적 무역정책 및 무역협상 /110
18 경제성장과 실질소득의 감소 /111

19 수입대체전략과 수출진흥전략 /111
20 국제무역의 자유화 /112
21 자유무역의 정태적 효과와 동태적 효과 /112

chapter 9
국제금융이론

01 외환시장과 환율, 선물환 거래의 동기 /113
02 외환시장 /114
03 구매력 평가설과 이자율 평가설 /115
04 통화론자의 환율결정론과 포트폴리오 밸런스 모형 /118
05 환율제도와 국제통화제도의 변천 /119
06 국제수지표 /119
07 국제수지방정식 /120
08 환율과 순수출과의 관계 /121
09 IS–LM–BP 모형 /123
10 Krugman의 3원 불가능성 정리 /126
11 IS–LM–IRP 모형
12 환율정책과 재정정책 /127
13 불태화정책 /127
14 외환보유고 누적에 따른 효과 /127
15 쌍둥이 적자 /127
16 최적통화지역이론 /128
17 펠트스타인–호리오카 논의 /128
18 자본 자유화에 따른 효과 /128

Chapter 1 거시경제학의 기초

▶ 용어 정리

폐쇄경제기준

① Y (국민소득) GDP - 생산량 = 수요량 (총지출)
  (총공급)

$$\frac{\text{명목변수 (대문자)}}{P (\text{물가})} = \text{실질변수 (소문자)}$$

② C (소비) ⇒   c × 가처분소득 $(Y - T - tY)$
                ↑ 소문자 (실질변수 ×)   세금
                한계소비성향   정액세 비례세

  ↓   ↓
  내수소비 수입재소비

  0.6 0.4 ← 한계저축성향
  $C + S = 1$
  ↓   ↓
  0.5 δ   μ 0.1   → $\delta + \mu + S = 1$
  내수소비성향 수입재소비성향

③ I (투자) = $\bar{I}$ - br + kY ④ G (정부지출)
   by 기업   고정투자 이자율   ┌ 경상성지출 (공무원 월급, 전기료)
                                          └ 정부사업
   i) 투자는 이자율과 반비례
   ii) 유발투자
                                기업은
   Y (소득) ↑ →×c→ C (소비) ↑ →매출증가인식→ I (투자) ↑

⑤ $NX = X - IM$
　　순수출　수출　수입
　(=경상수지)
　　　국내에서 만들어서　해외에서 만든 걸
　　　해외로 내보냄.　　　　가져옴.

※ 환율 ↑
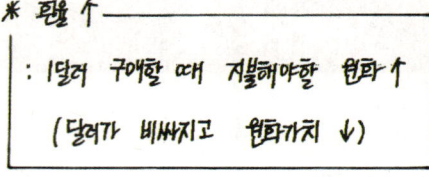
: 1달러 구매할 때 지불해야할 원화 ↑
(달러가 비싸지고 원화가치 ↓)

<환율> $E\uparrow$: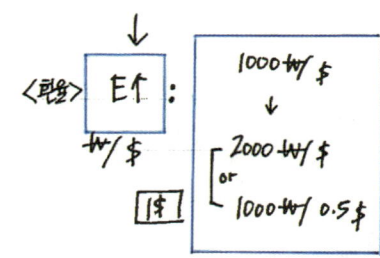
₩/$
1

i) $P_{수출재} \downarrow \rightarrow X \uparrow\uparrow$
　($) 　　　　　　수출
　　　(가격이 10% ↓ → 수출 20%~30% ↑)

ii) $P_{수입재} \uparrow \rightarrow IM \downarrow$
　(₩) 　　　　　　수입

ex) $1\$ \rightarrow 1000₩$
　　　　　　↓
　　　　　2000₩

$\Bigg) NX \uparrow$

참고
모든 국가에서 환율이 올랐을때
순수출이 증가하는 건 아니다.

⑥ M (통화량) → M^S, M^D
　　　　　　　화폐공급　화폐수요

i) M^S : 명목통화량 $= C$ (현금) $+ D$ (예금) $= M^D$ → 화폐시장의 균형이 달성됨!
　　　　　　　　　　　　Cash

　$\frac{M^S}{P}$: 실질 통화량 (약어 X)

ii) M^D : 명목화폐수요량

　$\frac{M^D}{P}$: 실질화폐수요량 $= L$

$L = \overline{L} + kY - hr$
　　　↓　　　↓　　　↓
　　예비적　용도↑　투기적
　　　　　　　↓
　(ex)붕어빵）거래적　(금리 오르면
　　　　　　　　　　　　화폐보유↓)

⑦ W (명목임금)

$w = \dfrac{W}{P}$ (실질임금)

$W = \underline{P \cdot MP_L}$
$w = MP_L$

01 거시경제와 관련된 기초

1. 완전 고용 - 일하고 싶은 사람 일하게 해주기
   물가안정 - 물가는 떨어지면 안됨. (부동산 가격 ↓) 경제침체로 이어질 수 있음.
   국제수지 - 국내에 들어온 돈이 너무 많아도 물가 상승의 위험이 존재함.

2. ⟨중앙정부, 지방정부⟩ / ⟨중앙은행⟩
   ↓
   $G \uparrow \cdot \downarrow$ or $M^S \uparrow \cdot \downarrow$
   $T \uparrow \cdot \downarrow$
   (조세)

   [기준금리] 시중 은행들이 중앙은행에서 돈을 빌릴 때 적용되는 금리 → 금리가 오르면 돈을 덜 빌리게 됨.

3. 정부지출은 독립변수 (다른 것에 영향받지 않음)

4. 채권 - 액면가, 만기일 (일정 시점에 돈을 줄 것을 약속한 증서)
   [100,000 / 2023.02.01] : 채권 가격이 오르면 수익률은 떨어짐. (반비례 관계)
   발행처의 신뢰도가 높으면 채권은 비싸지만 수익률은 낮음.
   ↳ junk fund (신뢰도 ↓)

채권의 ⎧ 수요가 늘면 가격은 오름.   → 주식도 마찬가지!
        ⎩ 공급이 늘면 가격은 떨어짐

02 국민소득의 측정

※ ③ 재고투자 → 재고 판매는 GDP에 포함 ✕
     재고량

※ 각주 ② 정부 보조금 → 이전지출 (포함 ✕)
          실업급여   소비지출 (포함)

※ T > G : 재정적자 음수
  조세 지출

    < : 재정적자 발생

  ∴ 재정적자 : G - T

※ IMF - 외환위기 (원화 가치 폭락) → 달러를 많이 보유했었어야 함.
                              이후 외환보유액 ↑ (우리나라 8, 9위 수준)

  ⎡ 유량 : 데이터를 분기별로 파악
  ⎣ 저량 : 지금 이 순간 파악 가능

* $\overset{국적}{GNP}$ $\updownarrow$ $\overset{영토}{GDP}$

ⓔⓧ 외국인 유입으로 자본가 밖+ 100 증가, 외국인들 월급은 1000
→ GDP는 1100 증가
GNP는 100 증가
~~외국인들 월급 포함 X~~

$\overset{수입}{GDI}$ $\updownarrow$ $\overset{GDP}{생산}$

$$\frac{\text{명목 GDP} = P\text{지금} \times Q\text{지금}}{\text{실질 GDP} = P\text{예전} \times Q\text{지금} \;(\text{기준년도})} = \text{GDP deflator}$$

ⓔⓧ P = 900 붕어빵
P = 1000
→ P와 I 사이에 오차 존재

ⓔⓧ 10000
교역조건 악화 ↙ ↓ <노트북>
8000
(신제품 출시로 가격 하락)
⇓
명목 GDI = 명목 GDP
실질로 계산할 때는 10000 적용

ToT : 교역조건 = $\dfrac{P\text{수출재}}{P\text{수입재}}$

수출재 1단위 = $\dfrac{2000}{1000}$
판매금액으로
구매가능한 수출재 1개 팔아서
수입재개수   수입재 2개 구입 가능
⇒ 수입재 ↑ (교역조건 악화)
   수출재 ↑ (교역조건 개선)

* 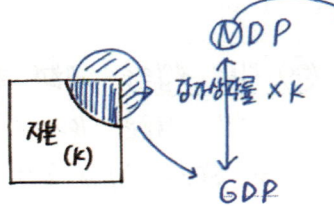 전기 총 자본량 대비 늘어난 것만을 의미함.

* G N I
  ~~~~~~~
  G N D I   ex) 북한에 쌀 보내주기.

▶ 분배 측면에서 본 국내총생산

(순) 간접세
~~~~~
민간 → 정부

NNP + 감가상각 = GNP

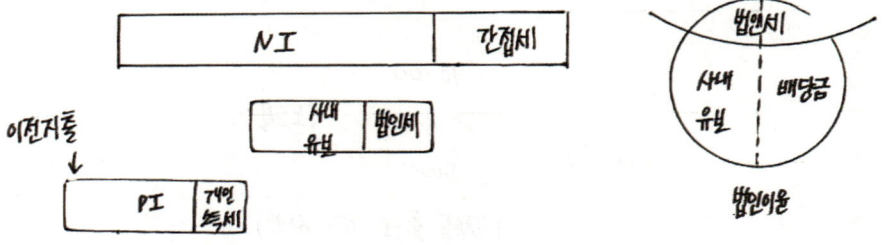

▶ 지출측면에서 본 국내총생산

$IM + Y = C + I + G + X$

$Y = C + I + G + NX$

$\underbrace{Y-C-T}_{S_P} + \underbrace{T-G}_{S_g} - \underbrace{I}_{\text{국내에서 이루어진 투자}} = NX$

민간저축   정부저축

$\underbrace{}_{NS \ \text{국민총저축}}$

"벌고 쓰고 낳은 토"

폐쇄경제 → $NX = 0$

$NS = I$

03 고전학파의 국민소득결정이론

"공급이 수요를 창출한다" - 「세이의 법칙」 → 고전학파 대원칙

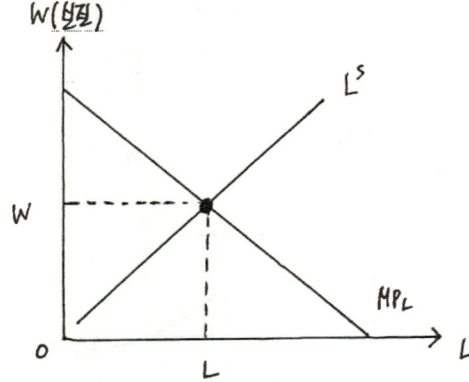

⟨화폐수량설⟩

$M^S V = P Y$

명목 GDP — PY
실질 GDP

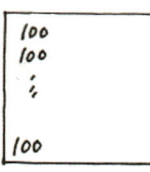
GDP는 1000 but 통화량이 1000일 필요는 없음.

$$M^S \cdot V = PY \quad \text{(물가와 통화량은 정비례)}$$

V ↓ 소득유통속도 (화폐)
= 경제의 활력도

고전학파 → $V = 상수 = \bar{V}$
↓
생활패턴이 같음.
(∵ 정보 부족)

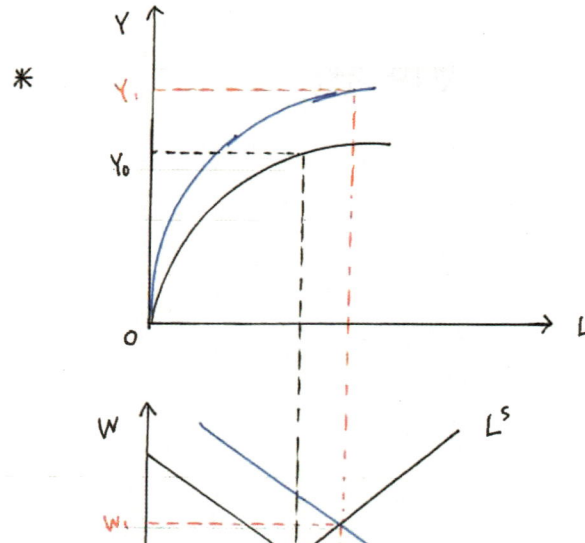

$$Y = Z \cdot L^\alpha \cdot K^{1-\alpha}$$
$$MP_L = Z \cdot \alpha \cdot L^{\alpha-1} \cdot K^{1-\alpha}$$
$$= \alpha \cdot Z \cdot \left(\frac{K}{L}\right)^{1-\alpha}$$

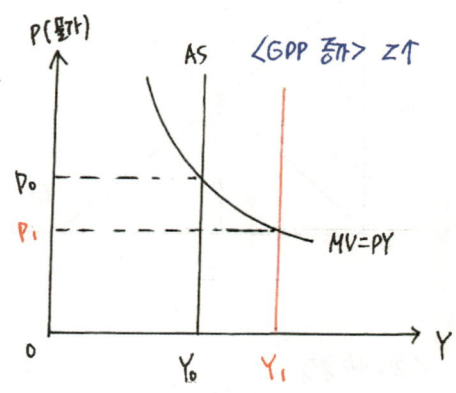

⟨GDP 증가⟩ $Z\uparrow$

▶ 대부자금시장

$$\underbrace{Y-C-T}_{S_P} + \underbrace{T-G}_{S_g} = I$$
$$\underbrace{}_{S}$$

※ 결과/ 원인변수가 가로/ 세로축에
　있는지 확인하기

민간저축은 상승

$\Delta S_P > 0$, $\Delta I < 0$

〈수요자〉 I "기업"

저축, 투자

민간저축이 늘어난 만큼 소비는 줄어듦 ($\Delta C \downarrow$)

(ex) $Y - C - T + T - G = I$
　　　　　　　　　$T\uparrow$
　　　　　　　　　$\downarrow$

S 곡선 왼쪽 위로 이동 but Y는 변하지 않음

$Y = C + I + G$
　　$\downarrow \downarrow \uparrow\uparrow$

총지출 구성만 변경

$Y = \overline{GDP}$

∴ 정부는 가만히 있어! 경제는 시장이 알아서.

04 케인즈의 국민소득결정이론 : 시장에 맡겼더니 망했어

〈대공황〉 - 완전고용 실현 불가 (수요↑ but 소득 부족)
- 물가와 임금이 경직적
- 수요가 올라도 가격이 오르는 게 아니라 생산량이 증가
- 〈유효수요의 원리〉 수요가 공급을 창출한다.
- 〈화폐환상〉 노동자와 소비자는 바보

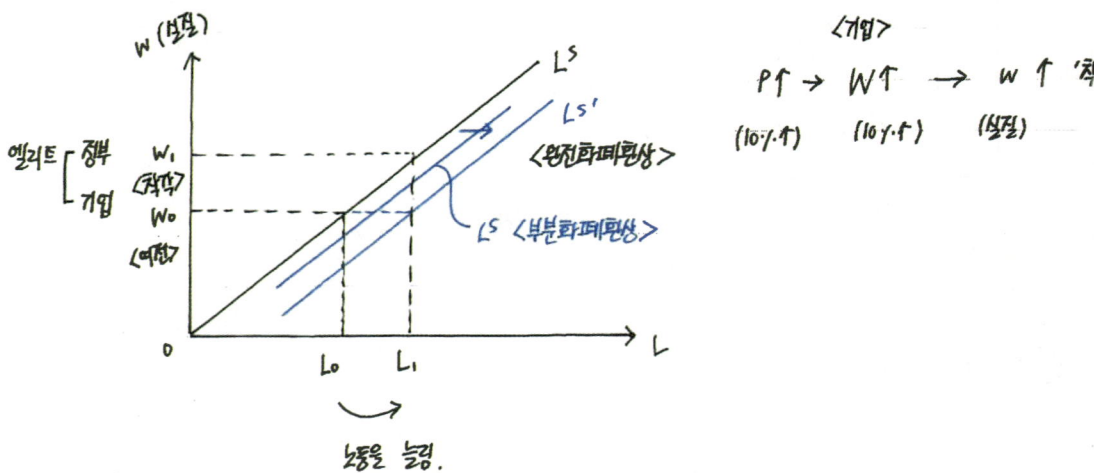

▶ 케인즈의 교차점모형

<암기> $Y = C + I + G$
  ↓
$\bar{C} + c(Y - T - tY)$
고정소비   정액세 비례세
  ↓
$\bar{I} - br + kY$
고정투자

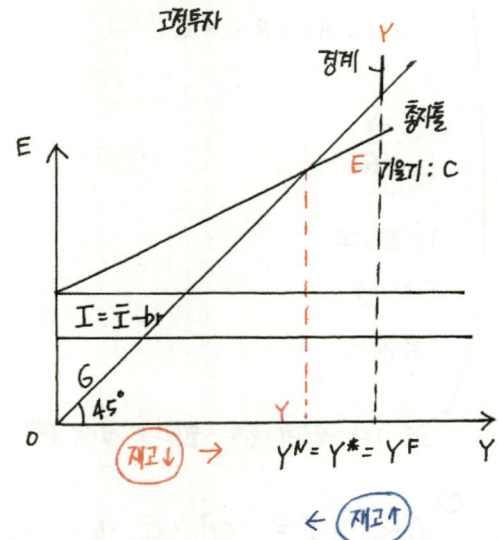

$Y = c(Y-T) + \bar{I} - br + G$
총생산   총지출
(인구개수) (유효수요 = 계획된 지출)

$E = c(Y-T) + \bar{I} - br + G$
총지출 I

$I = \bar{I} - br + kY$
케인즈 (취소선)

참고
케인즈는 r을 고려하지 않음. ($b=0$)
$r\updownarrow \to$ 곡선 이동 X
투자는 "야성적 충동"에 의해 증가

현재) 경기가 좋으면 $r\downarrow \to$ 투자↑

▶ 생산물시장의 균형

▶ 수요

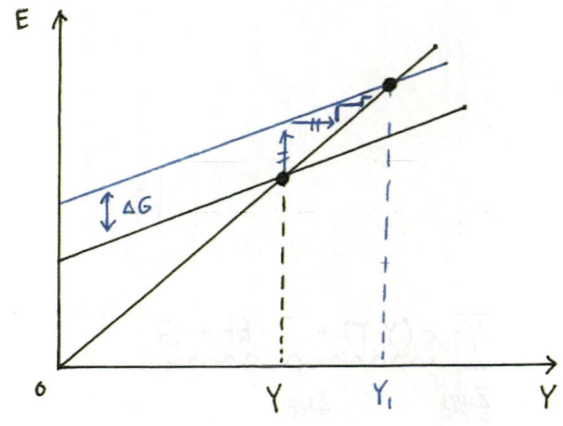

$Y = c(Y-T) + \bar{I} - br + G$

정부지출 ↑ $\Delta G = 100$

※ $dA = dB + dC$

$\dfrac{dY}{dG}$

Y로 정리하고
G로 미분
〈편미분〉

모든 Y와 관련된 항을 왼쪽으로 넘겨서 정리

① $(1-c)\, dY = -c\, dT + d\bar{I} - b\, dr + dG$

$\dfrac{dY}{dG} = \dfrac{1}{1-c}$

$\dfrac{dY}{d\bar{I}} = \dfrac{1}{1-c}$

$\dfrac{dY}{dT} = \dfrac{-c}{1-c}$

✱ $Y = c(Y - T - tY) + I - br + G$

↓

$[1 - c(1-t)] dY = -cdT + d\bar{I} - bdr + dG$

$\dfrac{dY}{dG} = \dfrac{1}{1-c(1-t)}$

<정리>
① 식 정리 (암기)
↓
② Y와 관련된 거 왼쪽으로 넘기기
↓
③ d 붙여주기
↓
④ 함 도출

05 거시경제학의 흐름

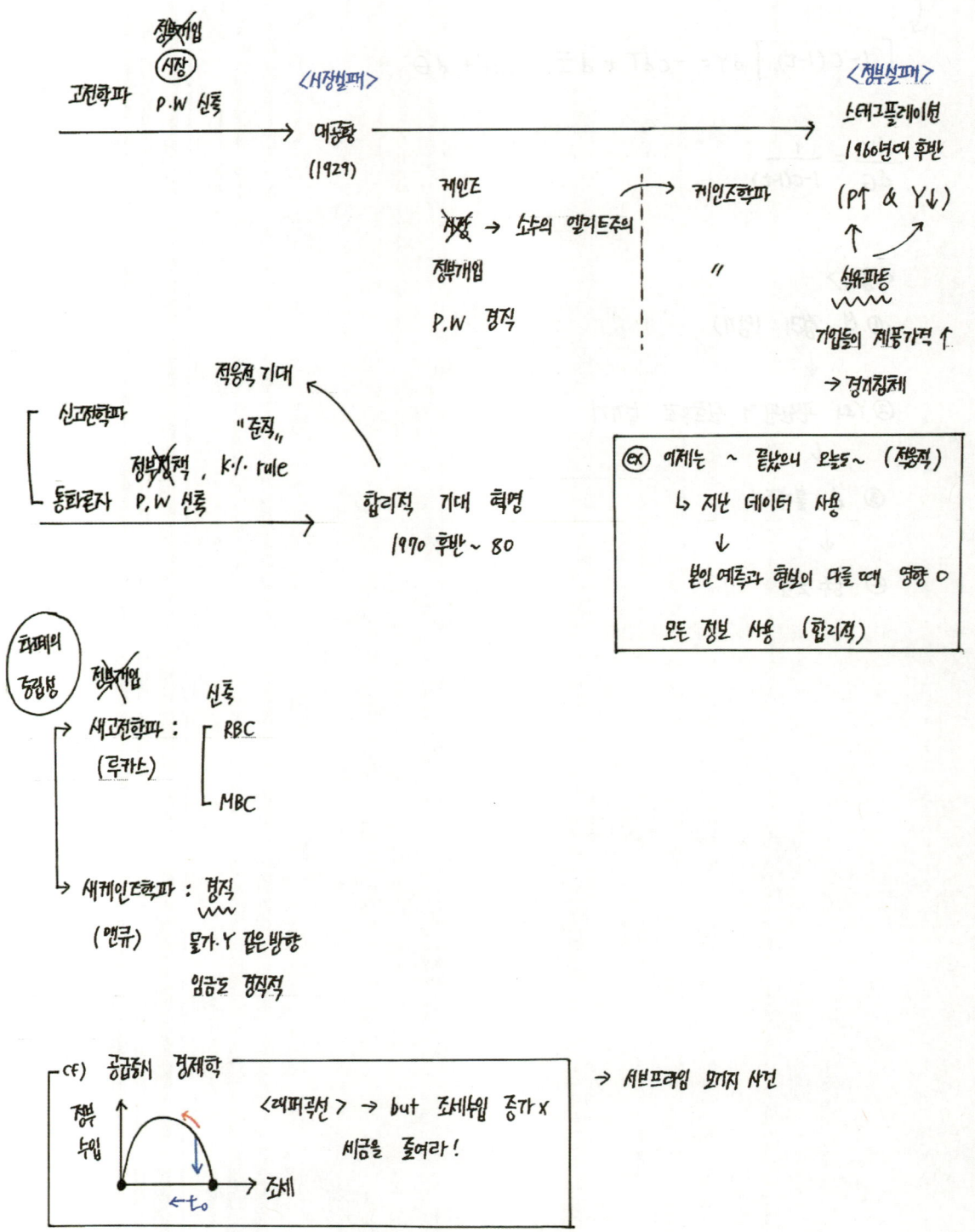

Chapter 2 소비함수와 투자함수

01 소비이론의 기초

$$C = \bar{C} + c(Y - T - tY - S_{가처분})$$

소비 / 고정소비 / Y_d

$$\left[APc = \frac{C}{Y} \right] + \left[APs = \frac{S}{Y} \right] = 1$$

평균소비 / 평균저축

$$\left[MPc = \frac{dC}{dY} \right] + \left[MPs = \frac{dS}{dY} \right] = 1$$

한계소비

$$c + s = 1$$

02 쿠즈네츠의 실증분석

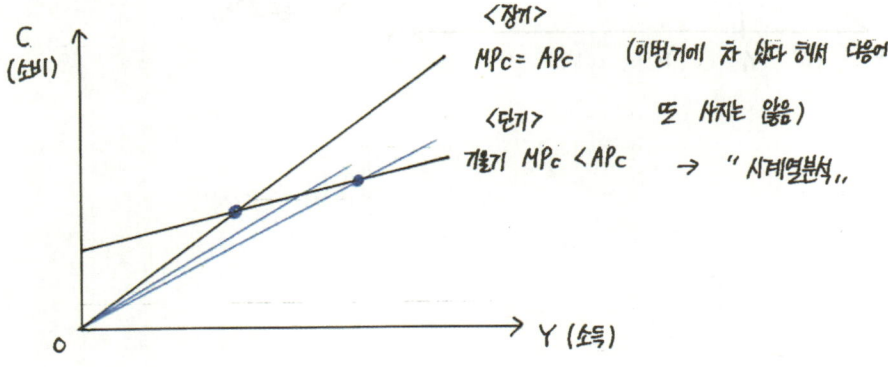

〈장기〉 MPc = APc (이번기에 차 샀다 해서 다음에
〈단기〉   또 사지는 않음)
기울기 MPc < APc → "시계열분석"

※ 소득이 줄어들 때는 APc가 가팔라짐.

03 절대소득가설

$C = c(Y-T)$ ← 고전학파 불발 (합리적 소비자 가정)

　　　현재소득

ex) 정부가 이번 기 재난지원금 지급 ⎫
　　 다음 기　증세　　　　　　　　⎬ 소비 ↑
　　　　　　　　　　　　　　　　　 ⎭

※ 절대소득가설은 장기에 $MPC = APC$ 를 설명하지 못함.

04 상대소득가설 (형태경제학)

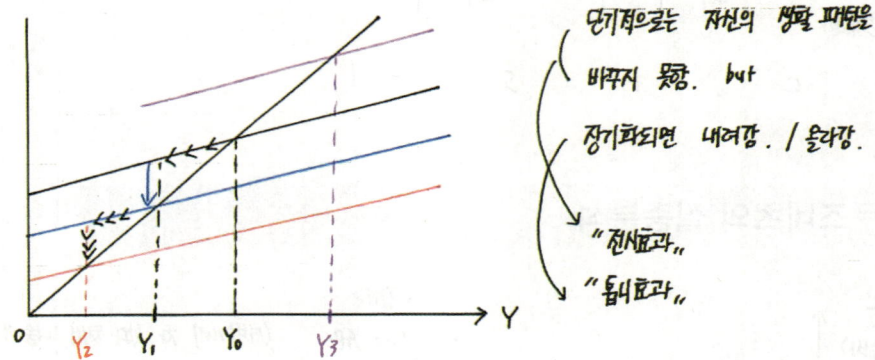

단기적으로는 자신의 생활 패턴을
바꾸지 못함. but
장기화되면 내려감. / 올라감.

"전시효과"
"톱니효과"

05 시점간 자원배분과 소비이론

가) 2기간 모형

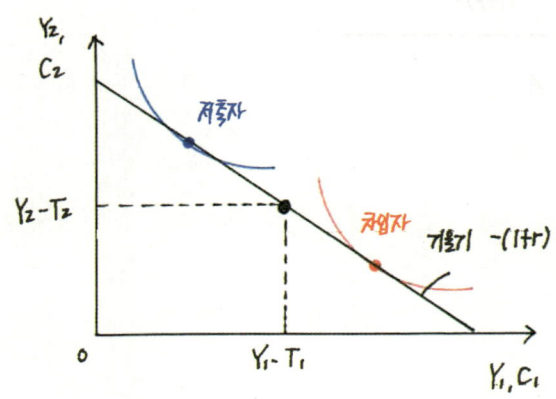

$$s.t. \; C_1 + \frac{C_2}{1+r} = Y_1 - T_1 + \frac{Y_2 - T_2}{1+r}$$

$$Max \; U = f(C_1, C_2) = U(C_1) + \frac{1}{1+\rho} U(C_2)$$

$$\underline{\beta} = \frac{1}{1+\rho}$$

"시간할인계수"

i) $\beta \downarrow, \rho \uparrow$: 미래에 부여하는 가치 $\downarrow$

ii) $\beta \uparrow, \rho \downarrow$: 미래의 효용도 중요

$$foc: MRS_{C_1, C_2} = \frac{MUC_1}{MUC_2}$$

$$= \frac{U'(C_1)}{\frac{1}{1+\rho} U'(C_2)} = 1+r$$

$$\overset{U'}{MUC_2} = \frac{1+\rho}{1+r} \times MUC_1$$

▶ 항상소득가설

Y_T = 임시소득 Y_P = 항상소득

$$PV = \underset{\text{초기부}}{a_0} + Y_1 + \frac{Y_2}{1+r} + \frac{Y_3}{(1+r)^2} + \cdots$$

현재가치

$$= \underset{\text{항상소득}}{Y_P} + \frac{Y_P}{1+r} + \frac{Y_P}{(1+r)^2} + \cdots$$

※ 개인의 소비수준은 항상소득에 영향을 받으며, 임시소득에 반응하는 것이 아님.

ex) $K = A + \dfrac{A}{1+r} + \dfrac{A}{(1+r)^2} + \dfrac{A}{(1+r)^3} + \cdots$

$-\dfrac{1}{1+r} K = \dfrac{A}{1+r} + \dfrac{A}{(1+r)^2} + \dfrac{A}{(1+r)^3} + \cdots$

──────────────────────────

$\dfrac{r}{1+r} K = A \rightarrow K = \dfrac{1+r}{r} \cdot A$

$PV = \dfrac{1+r}{r} Y_P$

$Y_P = \dfrac{r}{1+r} PV \qquad Y_P + Y_T = Y$
$\qquad\qquad\qquad\qquad\qquad \downarrow$
$C_P\text{항상} = \xi Y_P = \xi(Y - Y_T)$
$\;\downarrow \qquad\quad "\!$
$\qquad\qquad 1$

고전학파 쪽 의견과 비슷.

but 반발) 복권에 당첨되도 돈을 안 쓴다고?
$\qquad\qquad \rightarrow$ 3가 전체 소비는 증가하지 않음.

but 지나치게 합리성 강조.
$\qquad\qquad \downarrow$
$\qquad\qquad$ 생애주기가설

항상소득가설) 이번 기에 늘지 않아도 다음 기부터 계속 늘면 이번 기 소비 증가 가능!
$\qquad\qquad\qquad\; \uparrow$
$\qquad\qquad\quad\;$ 소득이

▶ 생애주기가설 (개인의 일생)

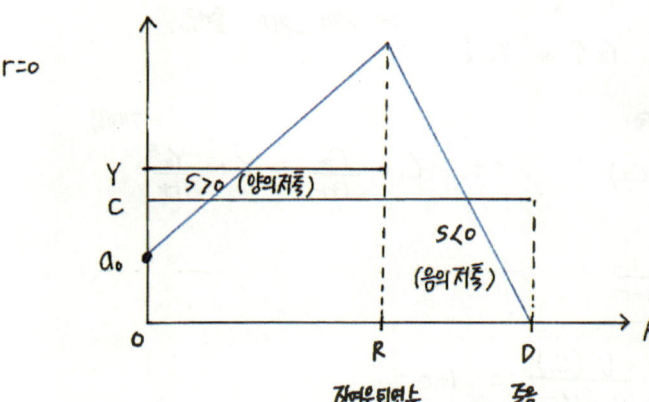

$$C = \frac{a_0 + RY}{D}$$

$a_0 \uparrow \to \frac{1}{D} \times a_0$ 만큼 소비↑

"임시소득"

$Y \uparrow \to \frac{R}{D} \times Y$

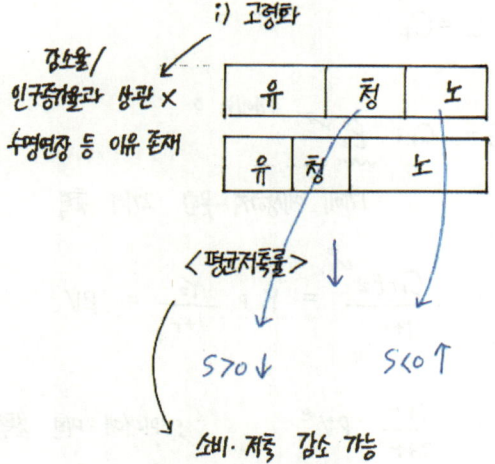

i) 고령화

감소율 / 인구증가율과 상관 ×
~~평균연장~~ 등 이유 존재

유	청	노

유	청	노

⟨평균저축률⟩ ↓

$S>0 \downarrow$ $S<0 \uparrow$

소비·저축 감소 가능

ii) ~~부동산~~ ↑, 주가 ↑

$a_0 \uparrow \to C \uparrow$

▶ 랜덤워크가설 (임의보행)

<불확실성> (i) 경제가 안 좋아짐 $Y_2^e \downarrow$
(ii) 모르겠음 $Y_2 \uparrow$ or $Y_2 \downarrow$ → 현재 소비가 줄어듦.

$$\underset{C_1, C_2}{Max\,U} = U(C_1) + \beta \cdot U(C_2^e) \qquad s.t. \quad C_1 + \frac{C_2}{1+r} = Y_1 + \frac{Y_2^e}{1+r}$$

(할인, 기댓값)

$$\frac{1}{1+\rho} = \frac{1}{1+r}$$

foc: $MRS_{C_1 C_2} = \frac{MUC_1}{MUC_2} = \frac{U'(C_1)}{\beta \cdot U'(C_2)} = 1+r$

∴ $C_1 = C_2$

• $C_2 = C_1 + \varepsilon_2$ → 1기에는 0

1기에 예상하지 못한 2기의 충격

$$C_1 + \frac{C_1 + \varepsilon_2^{\,\,0}}{1+r} = Y_1 + \frac{Y_2}{1+r} = PV$$

$C_1 = \frac{1+r}{2+r} PV^e$: 미래에 대한 불확실성 → 현재소비 ↓ → 케인즈) 총지출곡선 ↓, Y↓

▶ 예비적 저축가설

ⓔⓧ $MU_X = 10$ $MU_X = 15$
         ↑   ↑   → 바나나를 더 먹는게 이득
      X 사과 (5개)   Y 바나나 (10개)   (평안 고려했을 때)

⟨r=0임을 가정⟩ → $MUC_1 = MUC_2$ (소비자 효용극대화)

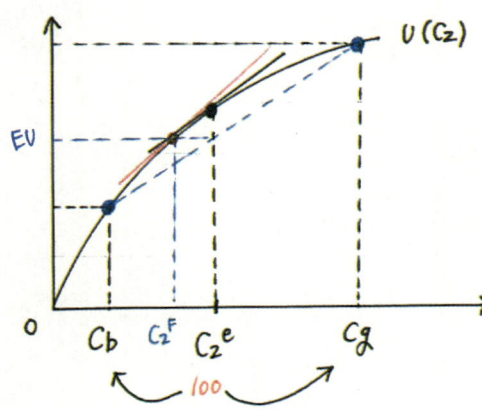

미래에 대한 불확실성이 올라가면 미래소비에 대해 부여하는 한계효용이 상승함.
↓
한계효용이 낮은 곳은 줄이고, 높은 곳은 늘림. (+확실성대등액 ↓)
↓
소비를 줄임. (경제침체의 원인)

* ⟨기본가정⟩   생애주기가설 제외

i) 합리적, 미래지향적, 세대간 연결성 완벽
(비판) → 근시안적이다!

ii) 자본제약 (대출제약) 이 없다.
(비판) → 유동성 제약

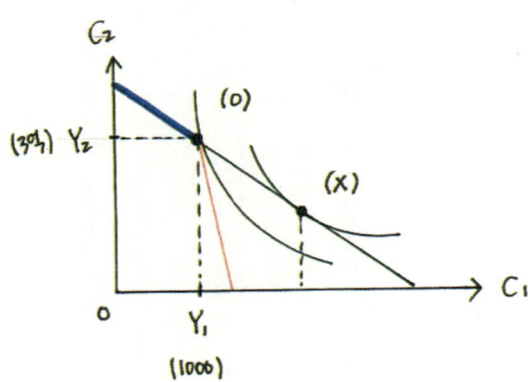

▶ 과잉민감성
　　↳ 돈을 주은만큼 또 소비를 하게 됨.
　　용돈이 없는데 5만원 받으면 다 씀.

① $\dfrac{dC_1}{dY_T} = 1$　⟨과잉민감성⟩

② $\dfrac{dC_1}{dY_P} = 0$　⟨과잉둔감성⟩
　　항상소득이 늘어도
　　현재소비가 안바뀜

⟨Tip⟩ 빨리 받는 100만원 > 늦게 받는 100만원
레입슨　장기적으로는 합리적 but 지금 당장은 X　→ '최적선택의 동태적 비일관성'
　　　　　　　　　　　　　　　지금 당장의 소비에
　　　　　　　　　　　　　　　더 높은 가치를 부여함.

06 투자이론의 기초

- 투자 ↑ → 자본 ↑

▶ 자본과 투자

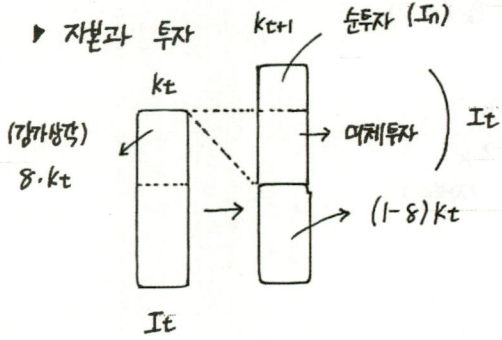

$$k_{t+1} = I_t + (1-\delta)k_t$$

$$\dot{k} = k_{t+1} - k_t = I_t - \delta k$$

07 전통적 투자이론

$$I = \bar{I} - br + kY$$

r과 I의 반비례

<커피숍> → (머신 가격) P_k

○○○ ●

웃 웃 웃 ▽

$P \downarrow$ (커피가격)

감가상각률
$$UC = P_k \cdot \delta + P_k \cdot r = P_k(r+\delta)$$
(user cost)   ∥ → 최적

늘어나는 매출액 $= P \times MP_k$
(VMPk)

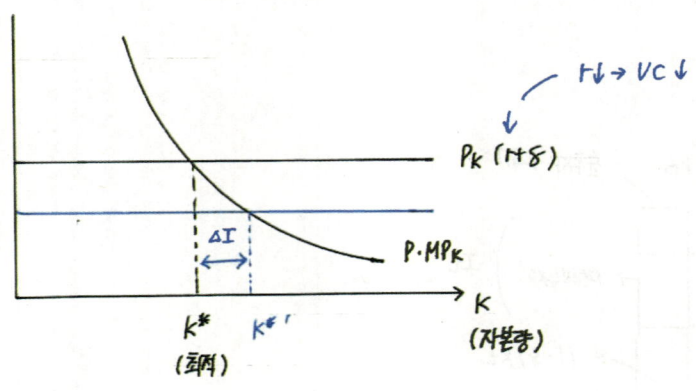

▶ 순현재가치법

$$NPV = B_0 - C_0 + \frac{B_1 - C_1}{1+r\downarrow}\uparrow + \frac{B_2 - C_2}{(1+r)^2}\uparrow + \cdots$$

↳ NPV > 0 : 투자 O
　NPV < 0 : 투자 X

r↓ → NPV < 0 → NPV > 0, I↑

* NPV = 0 을 만드는 θ → θ > r : 투자진행
　　　　　　　　　　　　θ < r : 투자 X

$\dfrac{PV_B}{PV_C}$ > 1 : 투자 O 　　⎞ 비용편익분석
　　　　< 1 : 투자 X　　　⎠

▶ 내부수익률법 (케인즈에 가까움)
　θ는 야성적 충동에 의해 엘리트인 기업가들이 본인의 예상치 기준으로 도출한 데이터
　↳ 이자율이 올라도 θ에 의해 투자 증가 가능

08 현대적 투자이론

▶ 토빈의 Q이론

$$q = \frac{주가}{실물자본의\ 대체비용} \rightarrow 기업자체\ 물건\ 판매\ 시\ 누익$$

$q\uparrow \rightarrow 투자\uparrow$, $q\downarrow \rightarrow 투자\downarrow$

$q>1$ 기업을 구매 $\rightarrow$ 주식을 판매 $\fallingdotseq$ 주식$^S \uparrow \rightarrow$ 주가 $\downarrow$ $\therefore q=1$
　　　　　　　　　"투자↑"

$q<1$ 주식을 구매 $\rightarrow$ 기업을 판매 $\fallingdotseq$ 주식$^D \uparrow \rightarrow$ 주가 $\uparrow$ $\therefore q=1$
　　　　　　　　　"투자↓"

〈토빈 Q이론의 한계〉

- marginal $q = \dfrac{d\,주가\,/\,dk}{d\,□\,/\,dk} > 1$

- $I = \dfrac{MPK_1, \cancel{어쩌기}}{MPK_2}$ ⓔⓧ 허니버터칩 열풍이 불어도 공장은 늘지 않음.
　　"투자시차"　　　　　　　다음번에도 과연 팔릴까?
　　　　　　　　　　　　　　　↓
　　　　　　　〈현실〉 현재의 투자는 과거의 Q에 의존함.

- 자본스톡 조정 비용

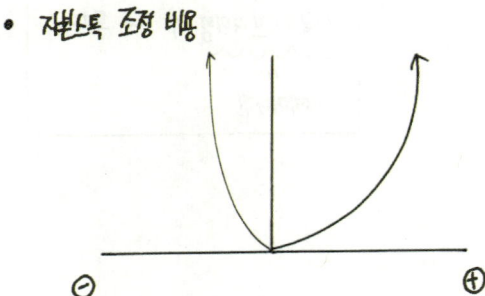

▶ 투자옵션 모형   설비투자 - 비가역성 → "신중"

기업은 불확실성 ↑ → I ↓
                  (설비)

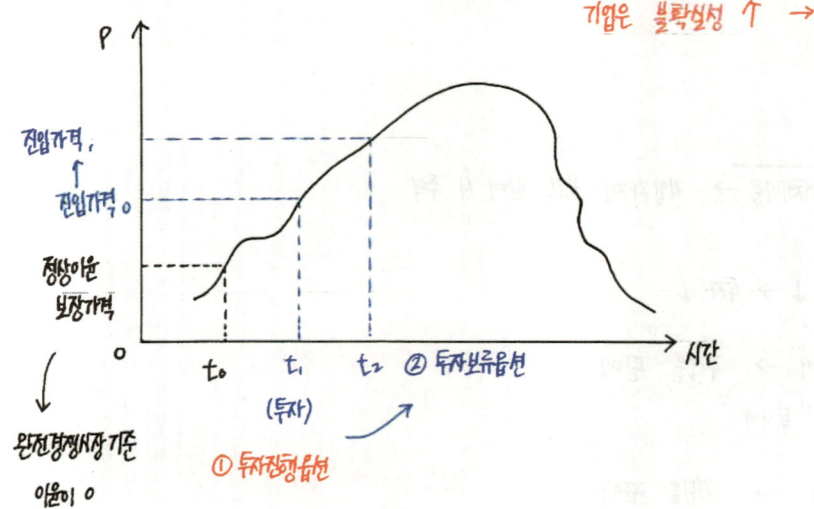

진입가격₁
진입가격₀
정상이윤 보장가격
↓
완전경쟁시장 기준 이윤이 0

t_0 t_1 t_2 ② 투자보류옵션   시간
     (투자)
① 투자진행옵션

▶ 신용시장의 불완전성과 투자

예대마진 - 디폴트 프리미엄 (dp)

r r_b
저축시 이자율   차입이자율

                   상환가능성

┌ 불량 기업의 존재 → $r < r_b$
└ 우량 $r_b = r + dp$
                   $r = r_b - dp$

$\begin{pmatrix} r + \delta = MPk_2 \\ r_b = MPk_2 - \delta \end{pmatrix}$ → 대출시 고려

$r + dp = MPk_2 - \delta$

$r = MPk_2 - \delta - dp$ ↑ → I ↑
        ↑   ↓   ↓

┌─────────────────────┐
│ 디폴트 프리미엄 ↑ → 투자 ↓ │
│   "   │
│   예대마진   │
└─────────────────────┘

▶ 재고투자모형

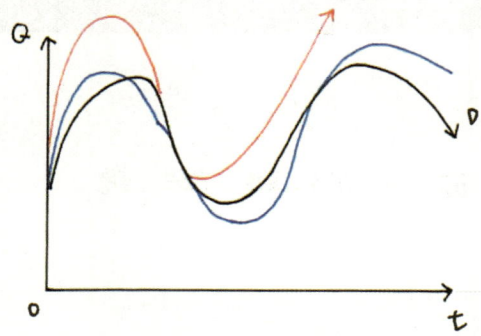

불확실성 ↑ → (=예측 X)

→ 재고투자 ↑
   (비가역성 X)

수요가 늘었을 때 미대응시 손실 발생
∨
재고 ↑ → 창고비용 발생

▶ 가속도 원리

- $I = \bar{I} - br + vY$

                유발투자

- GDP ↑ → 투자 ↑

Chapter 3 화폐금융론

01 화폐와 금융, 금융제도

* 출제) 거주자외화예금을 빼서 요구불예금에 입금 → M1은 증가, M2는 불변

02 화폐공급이론

* 박스 (4줄)는 암기해주기

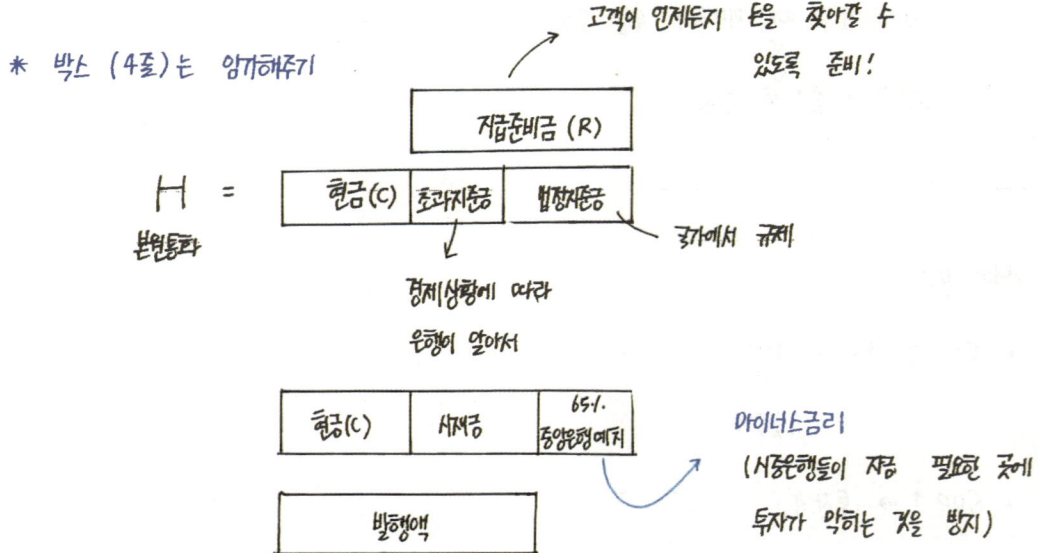

* 대차대조표 (암기하기)

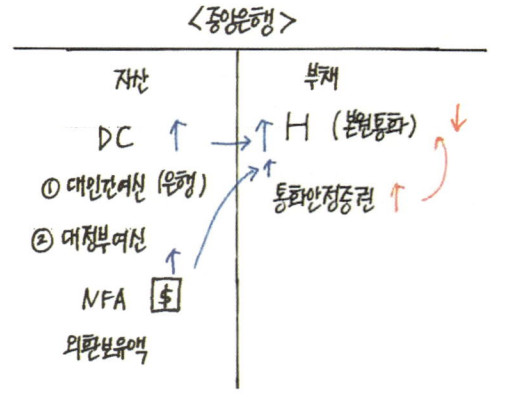

〈Tip〉
- 왼쪽 항목의 증가는 본원통화의 증가
- 주인공은 본원통화
- ex) 물가↑ → 안정을 위해 정부는 통화안정증권↑ → 본원통화↓ (불태화정책) or 여신 줄이기

※ 기준금리가 시장에 미치는 영향 ≒ 중앙은행의 확장적 통화정책
　↳ 환매조건부채권금리 (꼭 기억하기)
　　　　↳ 기준금리와 같은 방향으로 움직임.

▶ 통화승수의 도출

$k = \dfrac{C}{D\,(예금)}$, $z = \dfrac{R}{D\,(예금)}$　│　$k = \dfrac{C}{M}$, $z = \dfrac{R}{D}$

$M = C + D = kD + D$

$H = C + R = kD + zD$

$m = \dfrac{M}{H} = \dfrac{k+1}{k+z}$　〈암기해주기〉
　　　　　　　　　도출도 해보기!

$M = C + D = kM + D \Rightarrow D = (1-k)M$

$H = C + R = kM + zD$
　　　　　　$= kM + z(1-k)M$

$m = \dfrac{M}{H} = \dfrac{1}{k + z(1-k)}$

▶ 부분지급준비제도와 예금통화창조
　　　　↓
일정비율은 지급준비금으로 쌓아
나머지는 대출

・ 기업대출 ↑ → 은행예금 ↑ → 대차대조표 오른쪽 - 예금 / 통화 창조

▶ 통화승수의 내생성 (스스로 움직임)
　→ k는 언제든지 변화함.

$\dfrac{k+1}{k+z}$

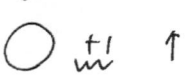

불안감
조성 (k증가)

→ 통화승수 감소 → 통화량 감소
　　($m \downarrow \times \overline{H} = M^s \downarrow$)

$z\uparrow$ $\underset{\uparrow}{\bigcirc}$ $\downarrow$ $m\downarrow \times \overline{H} \rightarrow M^s \downarrow$

ⓔⓧ 은행이자율 ↑ → 현금보유비율 ↓ → 통화량 ↑

03 고전학파 계열의 화폐수량설

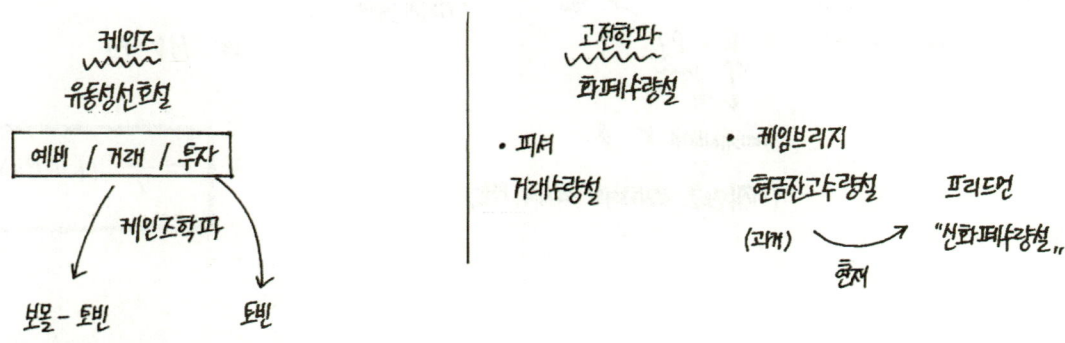

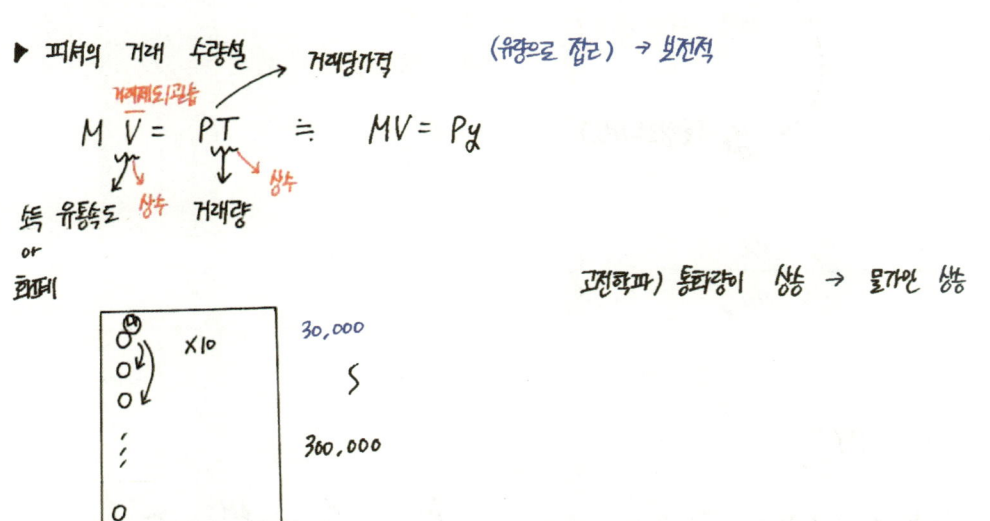

▶ 케임브리지 학파의 현금잔고수량설 (저량으로 접근) → 가치저장수단

$$M^s = M^D = k \cdot Py$$

(수요) → 현금 "가치저장수단"   vs $MV = Py$

marshallian k, 상수
(저장수단으로 유지하려는 의지의 비율)

$$k = \frac{1}{V} \quad (k, V \text{ 상수})$$

▶ 프리드먼의 신화폐수량설

$$M^s = M^D = kPy$$

이게 과연 상수? $f(\overset{\ominus}{R}, \overset{\downarrow 기대}{\pi^e}, \dots)$
이자율 인플레이션

↪ y_P (항상소득가설)

$$V = \frac{Py}{M^s} = \frac{Py}{k \cdot Py_P} = \frac{1}{k} \times \frac{y}{y_P}$$

✻ $MV = PY$

$$d\ln M + d\ln V = d\ln P + d\ln Y \quad \rightarrow \quad \frac{\dot{M}}{M} = \frac{\Delta M}{M} = \frac{dM}{M} = \hat{M}$$

$$\frac{\dot{M}}{M} + \frac{\dot{V}}{V} = \frac{\dot{P}}{P} + \frac{\dot{Y}}{Y}$$

04 케인즈의 화폐수요이론

▶ 케인즈의 유통성 선호설 (암기)   ⟨R:명목, r:실질⟩

$$\frac{M^D}{P} = L = \overline{L} + kY - hr$$

- $\frac{M^D}{P}$: 실질화폐수요
- $\overline{L}$: 예비적 (상수)
- kY : 거래적
- hr : 투기적

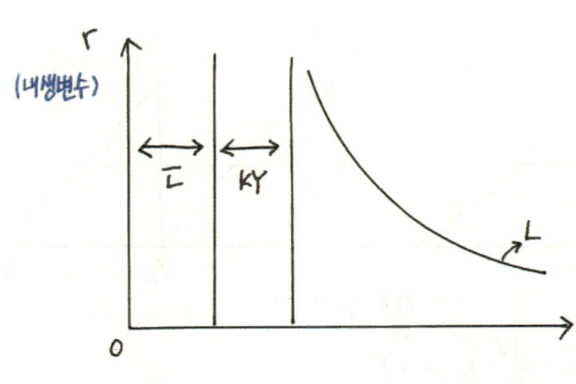

※ 정의에 의해서 $\overline{L}$ 내림.
경제적 불안정 → 화폐수요↑

(결과)

※ 결과값이 원인변수와 상관없이 커지거나 작아지면 그래프는 결과축 기준으로 움직인다.

+α. 유동성함정
돈을 적어도 지갑 속으로... (∵ 경기침체)

▶ 소득유통속도

$$MV = PY$$

$$V = \frac{PY}{M^S} = \frac{PY}{M^D} = \frac{Y}{\overline{L}+kY-hr}$$

⟨비례적으로⟩
↑↑ → ↑
↑

05 케인즈 학파의 화폐수요이론

▶ 보몰-토빈의 현금재고 관리모형

$\underset{\text{명목}}{F} = P \cdot f$ | 평균잔고 $= \dfrac{Py}{2n}$
은행(x)

한달동안 내 지갑 속에 있는 돈

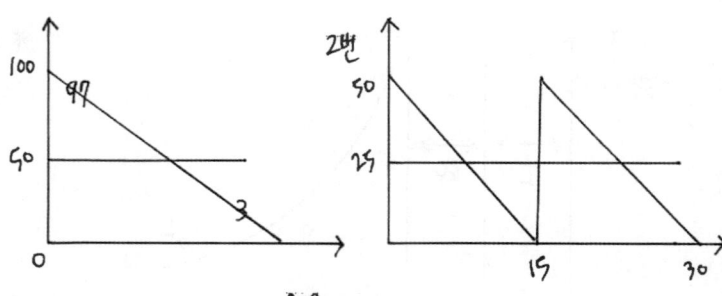

$$* \underset{n}{\text{Min} TC} = \dfrac{Py}{2n} R + nF \quad \nearrow \dfrac{PyR}{2n} \cdot n^{-1}$$

foc : $\dfrac{dTC}{dn} = -\dfrac{PyR}{2} \cdot \dfrac{1}{n^2} + F = 0$

$n^* = \sqrt{\dfrac{PyR}{2F}} = \sqrt{\dfrac{yR}{2f}}$ (경제물가와 방문횟수는 상관없음)

$\underset{Pf}{\shortparallel}$

$M^d = \dfrac{Py}{2n} = \dfrac{Py}{2} \cdot \sqrt{\dfrac{2f}{yR}} = P \cdot \sqrt{\dfrac{y^2 \cdot 2f}{2^2 \cdot yR}} = P \cdot \sqrt{\dfrac{yf}{2R}}$

$ = P \cdot y^{1/2} \cdot f^{1/2} \cdot 2^{-1/2} \cdot R^{-1/2}$

$d \ln M^d = d\ln P + \dfrac{1}{2} d\ln y + \dfrac{1}{2} d\ln f - \underset{0}{\dfrac{1}{2} d\ln 2} - \dfrac{1}{2} d\ln R$

※ 물가상승시 명목화폐수요는 같은 비율로 오르기 때문에
실질화폐수요는 불변이다.

은행 → 통화창출 예금창조
　↑↓
　　→ 화폐수요 ↑ (경제 GDP 감소)

　　→ 화폐수요 ↓

ex) 소득공제용 신용카드 ↑ → 은행에 예금 ↑

▶ 토빈의 포트폴리오 모형

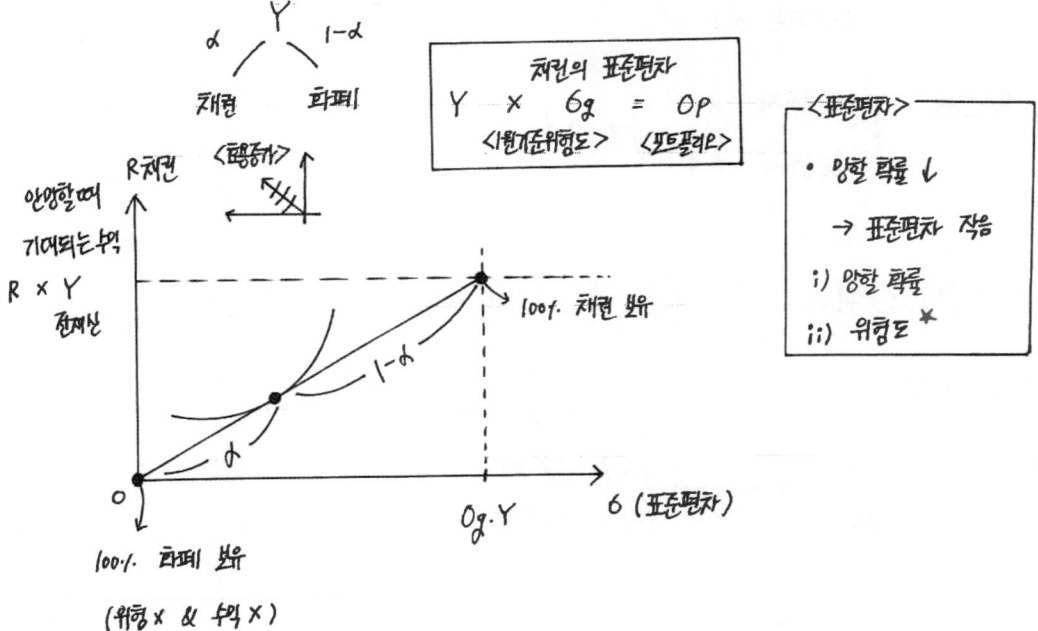

채권의 표준편차
$Y \times \sigma_g = \sigma_p$
〈사합기준위험도〉 〈포트폴리오〉

〈표준편차〉
- 양할 확률 ↓
  → 표준편차 작음
  i) 양할 확률
  ii) 위험도 ★

(위험× & 수익×)

<대체효과>　　채권의 매력도
~~~~~~~~~　　　$\theta\uparrow$ ← ($R_{채권}\uparrow$ / $O_g\downarrow$ / $R_{안전자산}\downarrow$)

채권과 화폐의
상대적 매력도 비교

<소득효과>　$Y\uparrow \rightarrow \theta\downarrow$

　　　　　　($Y\uparrow$, $\bar{R}_{채권}\uparrow$, $\bar{R}_{안전자산}\uparrow$, $O_g\downarrow$)

ex) $R_{채권}\uparrow$ [대체효과는 $\alpha\uparrow$ / 소득효과는 $\alpha\downarrow$] → 알 수 없다

$R_{안전자산}\uparrow$ [대체효과는 $\alpha\downarrow$ / 소득효과는 $\alpha\downarrow$] → $\alpha\downarrow$

06 화폐금융정책

▶ 중간목표 관리제

<최종목표>　Y (GDP)　←　중간목표
　　　　　　P (물가)　　　(i) M^S (통화량)
　　　　　　　　　　　　　　(ii) r (이자율)

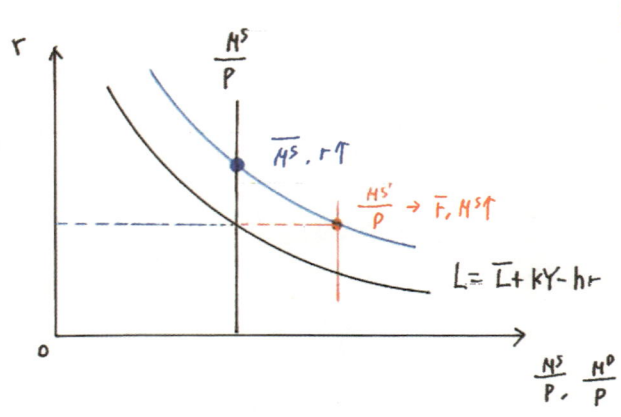

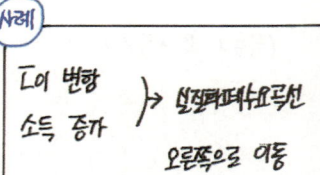

사례: $\bar{L}$의 변함 소득 증가 → 실질화폐수요곡선 오른쪽으로 이동

※ 통화량을 중간 목표로 사용한다면 이는 중앙은행이 아무것도 하지 않는 정책이다.

▶ 통화량 중간목표제 하에서 준칙주의와 재량주의에 의한 반론

<테일러준칙>

$$R = \pi + r^* + a_g(Y - \bar{Y}) + a_\pi(\pi - \pi^*)$$

명목금리 / 인플레이션 / 실질금리 / 실제-잠재(계수) / 목표(계수)

$$실질 = \frac{명목}{P}$$

$\begin{bmatrix} GDP 갭 > 0 \\ \pi > \pi^* \end{bmatrix}$ → 경제과열을 자제시키기 위해 R↑

$\hat{실질} = \hat{명목} - \pi$ (피셔방정식)

⇒ 인플레이션율이 증가할 때 명목이자율은 그 이상으로 증가시켜야 함.

▶ 확장적 통화정책의 파급경로

$\begin{cases} \text{통화량}\uparrow \to \text{유동성확보} \to \text{활성화} \quad \langle\text{통화경로}\rangle \\ \text{예금}\uparrow \to \text{대출}\uparrow \to \text{활성화} \quad \langle\text{신용경로}\rangle \end{cases}$

자산	자본
1. 유가증권	부채
채권	1. 예금
주식	2. 중앙
2. 대출	3. 시중
3. 준비자산금	

▶ 한계

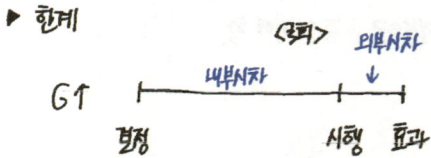

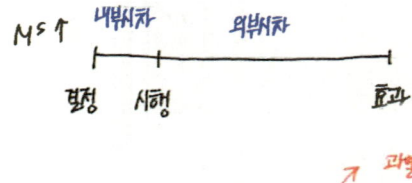 ⇒ 오랜 시간 후에 결정 or 확신이 없을때

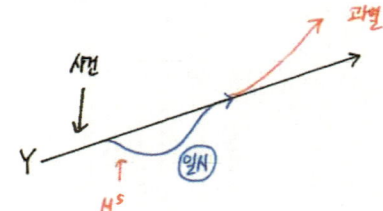

▶ 신용 중시 견해의 한계

```
┌─────────┬──────────┐
│         │ 부채 = 80│
│  자산    ├──────────┤
│ =100     │ 자본 =20 │
│  ↘90    │    ↘10  │
└─────────┴──────────┘
```
→ 자산의 투가적 감소 유발

"레버리지" = 총자산/자본 (암기하기!) = 5 → 9

Y (GDP↑) → 레버리지 ↑
  ↓   →   "   ↓

금융가속기

※ BIS 자기자본비율 = 자기자본 / 위험가치를 부여한 자산규모 ≥ 8%
  ↓
  여길 맞추려고 필요한 곳에 투자가
  덜 되면 경제부양효과가 떨어짐.
  → 이자율과 투자의 반비례 관계가 ↓

▶ 신용할당

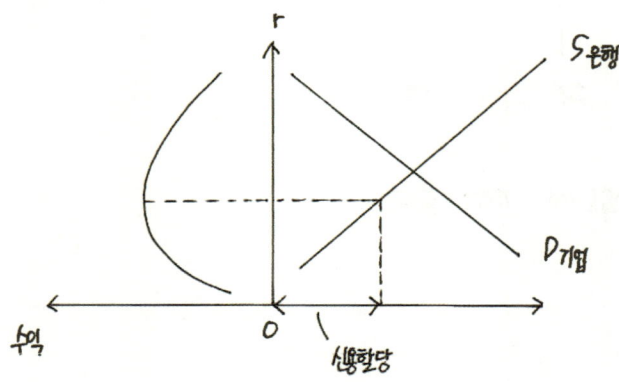

물가안정 목표제도

우리나라) 매년 3% ± 로 유지
     ↳ ⊕ 인플레이션율 유지
     ↳ 소비자물가지수 기준으로!

07 채권과 금리스프레드

▶ 채권

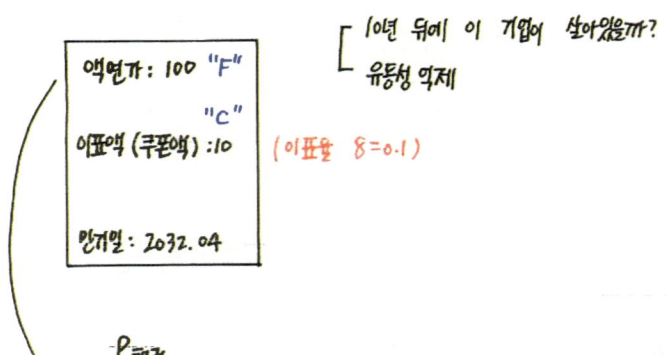

- 액면가: 100 "F"
- "C"
- 이표액 (쿠폰액): 10 (이표율 $g=0.1$)
- 만기일: 2032.04

[1년 뒤에 이 기업이 살아있을까?
  유동성 억제

$P_{채권}$

$$PV = C + \frac{C}{1+r} + \frac{C}{(1+r)^2} + \cdots + \frac{C+F}{(1+r)^{10}}$$

↳ 이자율과 채권의 가격은 반비례함.

ex)

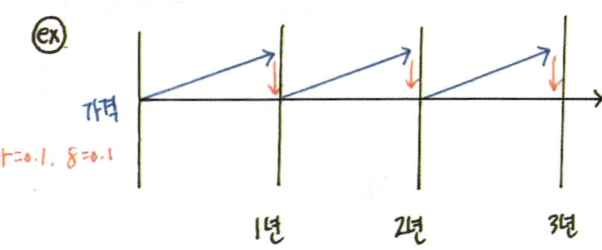

가격
$r=0.1, g=0.1$

1년   2년   3년

→ 만기일이 길 때보다 짧을 때 가격이 높아짐.

※ 초항을 +r로 나눠야 하는지 여부 주의하기!

▶ 금리 스프레드
① 기대이론

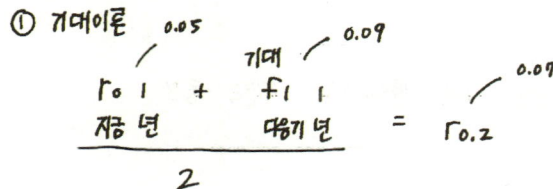

$r_{0,1} < r_{0,2}$ → 다음기 r↑ 예측   <미래의 Y↑ 예상>
단기   장기   ↑
                    중앙은행이 r↑ 예측 ← 경제의 과열 자제

<Chapter 4 예습>

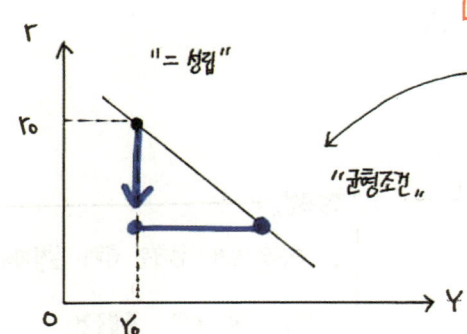

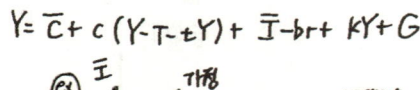
$Y = \bar{C} + c(Y-T-tY) + \bar{I} - br + kY + G$

$[1-c(1-t)+k]Y$

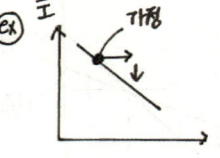

내생변수: I, G
외생변수: 4가지

Chapter 4 총수요-총공급이론

01 생산물 시장과 IS곡선 *

✱ 물가가 변화한다 = 물가를 내생변수로 갖지 않는 다른 평면에서는 외생적 충격

구별하기! { 곡선 자체가 움직임
           곡선 위에서 움직임

✱ $Y = C + I + G$
  ↓
  $Y = Y$ (총생산)

  $E = C + I + G$ (총지출) ↑
  $= [\bar{C} + c(Y-\underline{T})] + [\bar{I} - br] + G$
              정액세   ↓

(그래프: E-Y 평면, 기울기: c, 완전고용, $I = \bar{I} - br$)

"IS곡선"
: 생산물시장의 균형을 위해 달성되어야 하는 Y와 r의 조합조건

이자율↓ → 투자↑
→ 표시된 가격이 늘어남
↓
총지출 증가
↓
더 높은 수준의 Y를 필요함.

(그래프: r-Y 평면, r_0, r_1, Y_0, IS)

* 경제가 불투명하면 b값이 작아짐. → 똑같이 이자율이 떨어져도 올라가는 폭이 작아짐.
  → IS 곡선은 가팔라짐.   총지출곡선이

* 케인즈) "투자와 이자율은 관계 없음" → IS 곡선은 수직 (케인즈의 야성적 충동)

  고전학파) IS 곡선은 완만함

* 경제가 좋아지면 투자가 이자율에 민감해짐.

* $Y = \bar{C} + c(Y-T) + \bar{I} - br + G$

  ⓔⓧ $G\uparrow$ (확장적 재정정책) → 지출이 늘어난만큼 총지출곡선은 상면에 위치하게 됨.
  → 이자율이 그대로라고 가정하면 더 높은 수준의 Y를 필요로 하게 됨.
  → IS 곡선은 우측이동 (기울기 그대로)

  $I\uparrow$ → " "

  $C\uparrow$ (외생적 소비 증가) → " ",

  ※ "우측이동한다" = "상방으로 이동한다"

  Y가 그대로라면 r은 올라가야함.

                                                          이자부담 ↓
* $(1-c)Y = d\bar{C} - cdT + d\bar{I} - bdr + dG$ ↗ PV자산 ↑ → P자산 ↑ → C↑
                                                       ↗
  $\dfrac{dr}{dY} = -\dfrac{1-c}{b}$ r↓ ↘ C↑ (가계부채)

  기울기

$$* \; Y = \left[\overline{C} + c(Y-T-tY) - \delta r \right] + \left[\overline{I} - br + kY \right] + G + \left[X - \overline{IM}^{(Y^f)} - \mu Y \right]$$
유발투자   고정소비

$$\left[1 - c(1-t) - k + \mu \right] dY = d\,나머지 - (b+\delta) dr$$

$$\frac{dr}{dY} = - \frac{1 - c(1-t) - k + \mu}{b + \delta}$$

▶ 경제주체들이 부채에 직면했을 때 또는 피구효과 고려 시

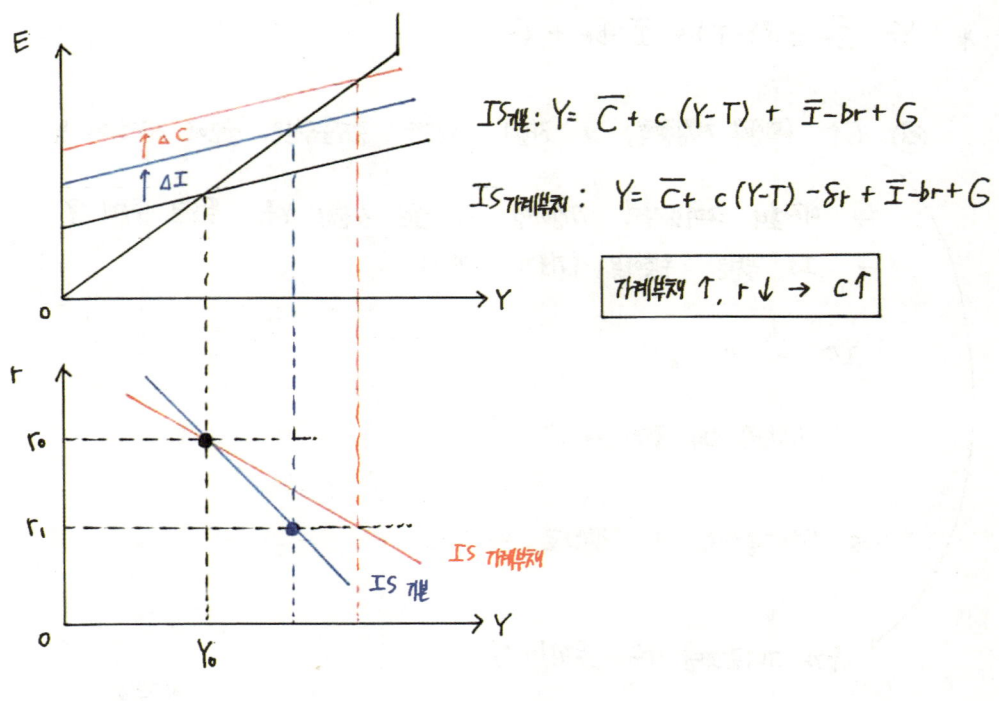

$IS_{개}: Y = \overline{C} + c(Y-T) + \overline{I} - br + G$

$IS_{가계부채}: Y = \overline{C} + c(Y-T) - \delta r + \overline{I} - br + G$

가계부채 ↑, r ↓ → C ↑

이자율 ↓ → 총지출곡선 상승

* $G\uparrow$

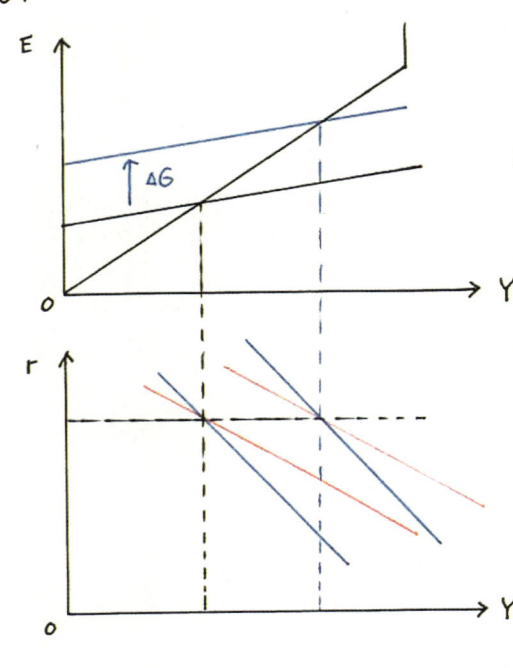

IS기본: $Y = \bar{C} + c(Y-T) + \bar{I} - br + G\uparrow$ ... $(1-c)Y$

IS가계부채: $Y = \bar{C} + c(Y-T) - \delta r + \bar{I} - br + G\uparrow$ ... $(1-c)Y$

① 이자율 그대로
 → Y가 더 많아짐

② Y_0 기준
 → 곡선 위 or 아래?
 ↓
 달라지는 Y의 폭이 같음. (오른쪽으로 이동하는)

(i) 가계부채 ↑ r↓ → c↑   (r과 반비례)

(ii) 피구효과 $C = f\left(\dfrac{A \text{ (명목자산가치)} \text{주식·부동산·채권·토지·}M^S}{P \text{ (물가)}}\right)$

IS곡선 완만해짐.   ↓ 실질자산가치

▶ 투자의 가속도 원리 고려시 (+kY)

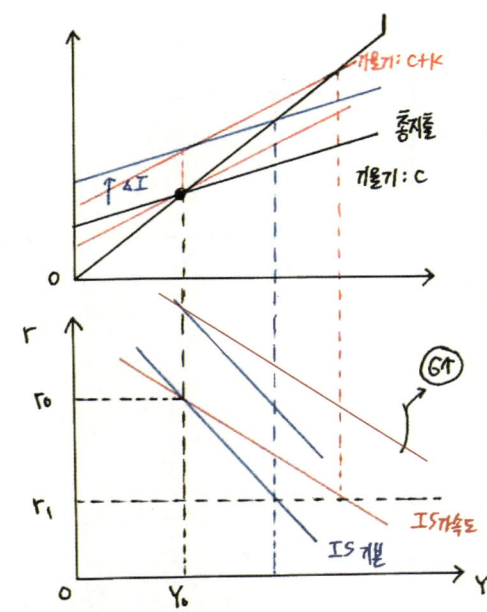

IS기본: $Y = \bar{C} + c(Y-T) + \bar{I} - br + G$

IS가속도: $Y = \bar{C} + c(Y-T) + \bar{I} - br + kY + G$

→ IS곡선이 완만해짐.

ex) $G\uparrow$ → 위로 올라가는 폭이 같음.
 $(1-c)Y$ <
 $(1-c-k)Y$ <
 더 멀리 오른쪽으로 이동

▶ 비례세 하에서의 자동안정화 장치
　　　　　　　　Y의 변동폭 축소화

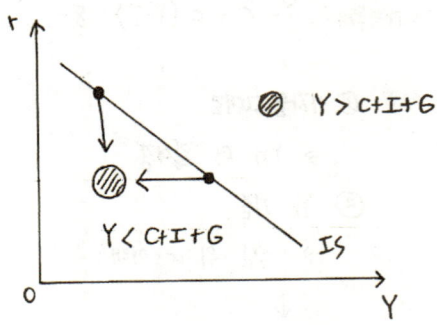

02 화폐 시장과 LM 곡선

$$\underbrace{\frac{M^S}{P}}_{\text{실질화폐공급}} \text{(명목)} = \underbrace{\overline{L} + kY - hr}_{\text{실질화폐수요}}$$

Y-r 평면에서 화폐 시장에 균형이 나타나게 할 조건

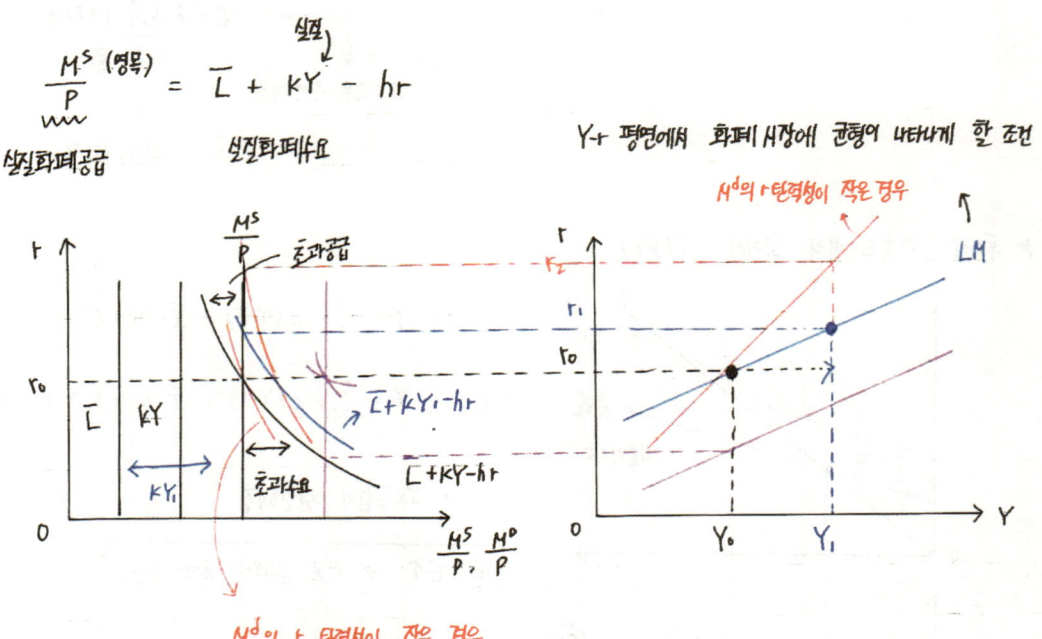

M^d의 r 탄력성이 작은 경우

▶ 화폐수요의 이자율 탄력성

$$L의\ r\ 탄력성 : \ominus \frac{dL}{dr} \cdot \frac{r}{L}$$

ex) 정부의 확장적 통화정책 시행

$$\frac{MS\uparrow}{P} > \bar{L} + kY - hr$$

① 이자율이 같을 때) Y?
② Y 〃   ) r?

∗ 화폐수요의 이자율탄력성이 다르다 → h가 다르다!

$$\frac{MS}{P} = \bar{L} + kY - hr$$

$h_0 > h_1$

  L의 r 탄력성이 작다
   ↳ 충격이 발생했을 때 Y의 이동폭이 같음. (수평이동폭이 일치함)

   대체로 불황기에 L의 r탄력성이 커짐. (무한대까지 가능)
                ↓
            정부 土 발행 (정책이 의미없어짐)
               ↓
            자답으로. 투자 X 소비 X

          ex) 일본, 대공황

▶ 화폐수요의 소득탄력성

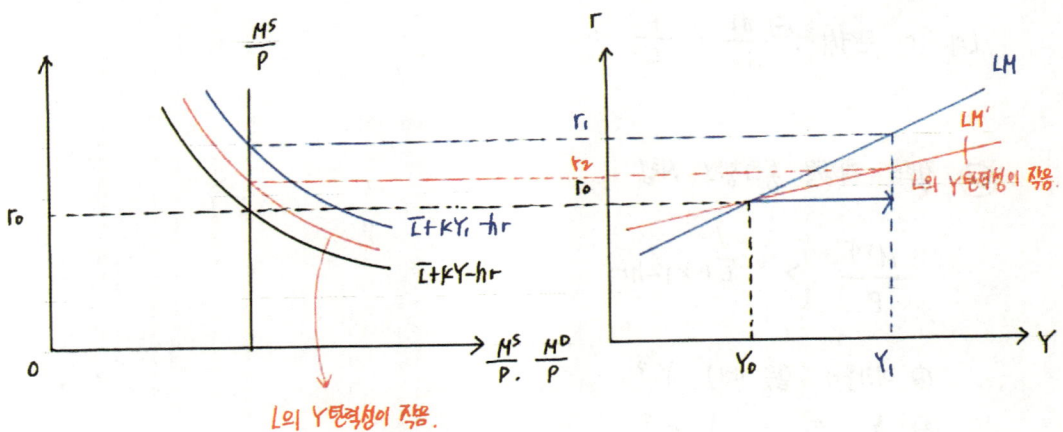

L의 Y탄력성이 작음.

① $h_0 > h_1$
   L의 r 탄력성이 작다

② $k_0 > k_1$
   L의 Y탄력성이 작다

※ 통화량 증가 → $\frac{M^S}{P}$ 오른쪽 이동 → Y가 같아야 하기 때문에 하방이동

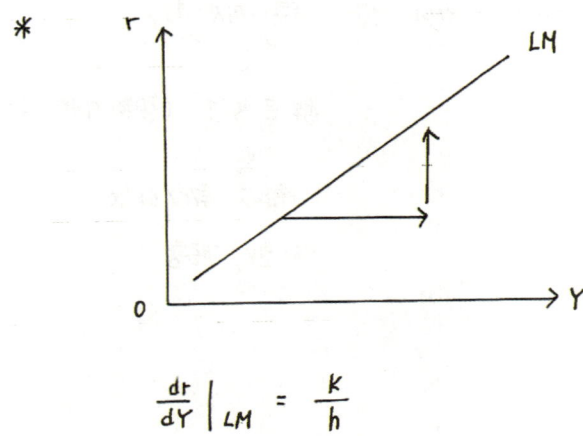

$$\left.\frac{dr}{dY}\right|_{LM} = \frac{k}{h}$$

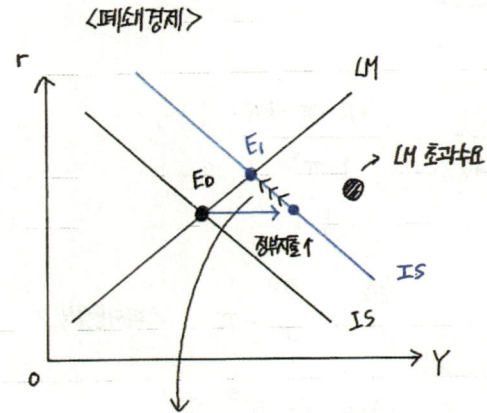

⟨IS-LM 모형⟩
(단기) : P 불변가정

ex) 정부지출 ↑ → Y↑

케인즈 경제의 GDP = IS 곡선의 우측이동폭

"구축효과" → 어느정도 효과는 발생함.

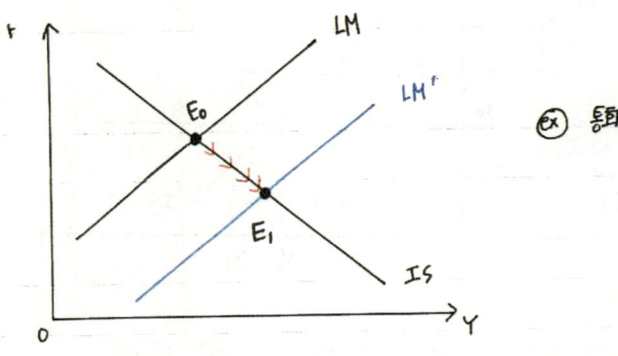

ex) 통화정책

03 먼델-토빈 효과, 유동성효과, 피셔효과

$$I = f(\underset{실질}{r} \to r^e) \quad (1+r) = \frac{1+R}{1+\pi} \cdot \frac{(1-\pi)}{(1-\pi)} = \frac{1+R-\pi-R\pi}{1-\pi^2}$$

$$L = g\,(\underset{명목}{R})$$

$$\underset{실질}{r} = \underset{명목}{R} - \pi \quad \langle \text{피셔방정식} \rangle$$

$$r^e = R - \pi^e$$

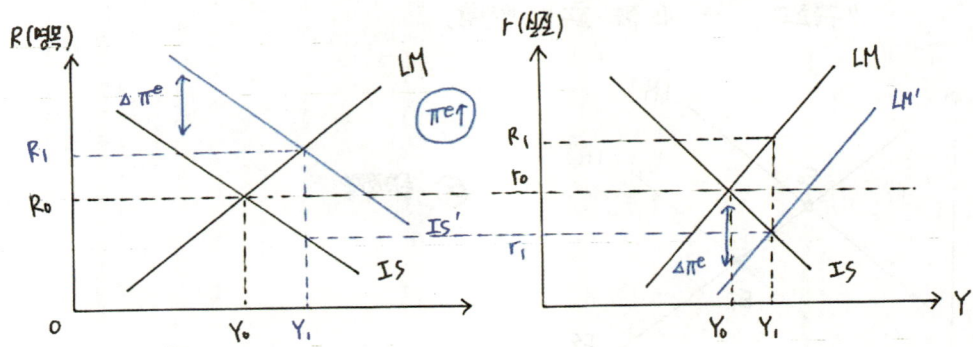

$$\begin{cases} IS: Y = c(Y-T) + \bar{I} - b(R-\pi^e) + G \quad \to \pi^e\uparrow 일때 \; IS\,곡선\;상방이동 \\ \quad\;\; \text{※ 그래프의 수직은 내생변수를 반드시 밖에 보이도록 설정한다.} \\ LM: \dfrac{M^s}{P} = \bar{L} + kY - hR \end{cases}$$ R

$$\begin{cases} IS: Y = c(Y-T) + \bar{I} - br + G \\ LM: \dfrac{M^s}{P} = \bar{L} + kY - h(r^e + \pi^e) \end{cases}$$ r

⟨정부가 공표⟩
 i) 내년에 $\pi > 0 \to \pi^e > 0$
 ii) 신뢰 ○

▶ 유동성 효과와 피셔효과

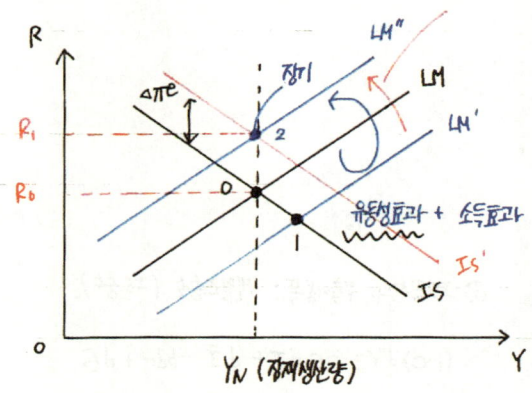

$$\frac{M^s}{P} = \overline{L} + kY - hr$$

↓ ↑ 좌측이동 → 장기에 효과 X

(피셔효과)

↓

세금이 존재할 때
성립하지 않을 수 있음.

(오른쪽 각주)

IS 곡선 이동 ↑

$IS: Y = c(Y-T) + I - b(R - \pi^e) + G$

$LM: \frac{M^s}{P} = \overline{L} + kY - hr$

▶ 유동성 함정

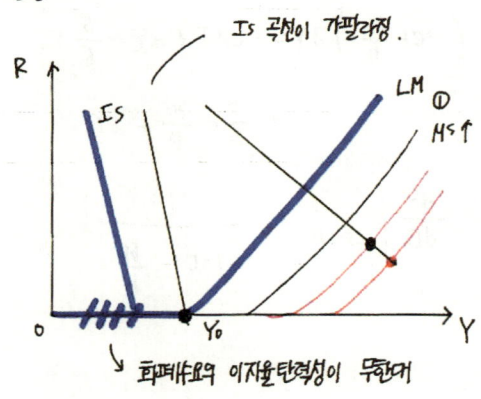

IS 곡선이 가팔라짐.

① $M^s \uparrow$ (효과 X)
② $G \uparrow$ (효과 O)
but 돈이 모자람

화폐수요의 이자율탄력성이 무한대

크루그먼) 경제 회복하려면 통화량 증가시켜라!

↓ $M \uparrow \uparrow \uparrow$ (양적완화) - 대신 민간에게 공표 & 신뢰 형성 ⇒ $\pi^e \uparrow$ & $\frac{A}{P}$

" 비상식적 / 비전통적 통화정책   부동산·주식·아파트

                                                        멘델토빈효과   피구효과
                                                        IS곡선 →   AS →

04 IS-LM 승수 및 AD 곡선의 도출

IS: $Y = c(Y-T) + \bar{I} - br + G$

LM: $\dfrac{M^s}{P} = \bar{L} + kY - hr$

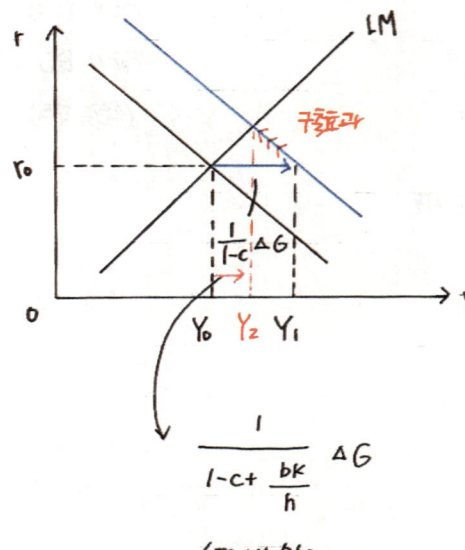

⟨IS-LM 승수⟩

$G\uparrow$

① IS곡선의 우측이동폭: 케인즈승수 (IS승수)

$(1-c)dY = -cdT + d\bar{I} - bdr + dG$

$\left.\dfrac{dY}{dG}\right|_{IS} = \dfrac{1}{1-c}$

② IS-LM을 고려한 ΔY

$\left.\dfrac{dY}{dG}\right|_{IS-LM} \qquad r = \dfrac{1}{h}\left[\bar{L} + kY - \dfrac{M^s}{P}\right]$

$Y = c(Y-T) + \bar{I} - b\left[\dfrac{1}{h}\left(\bar{L} + kY - \dfrac{M^s}{P}\right)\right] + G$

$\left(1 - c + \dfrac{bk}{h}\right)dY = -cdT + d\bar{I} - \dfrac{b}{h}d\bar{L}$
$\qquad\qquad\qquad\qquad + \dfrac{b}{h}d\dfrac{M^s}{P} + dG$

$\left.\dfrac{dY}{dG}\right|_{IS-LM} = \dfrac{1}{1 - c + \dfrac{bk}{h}}$

▶ AD 곡선의 도출

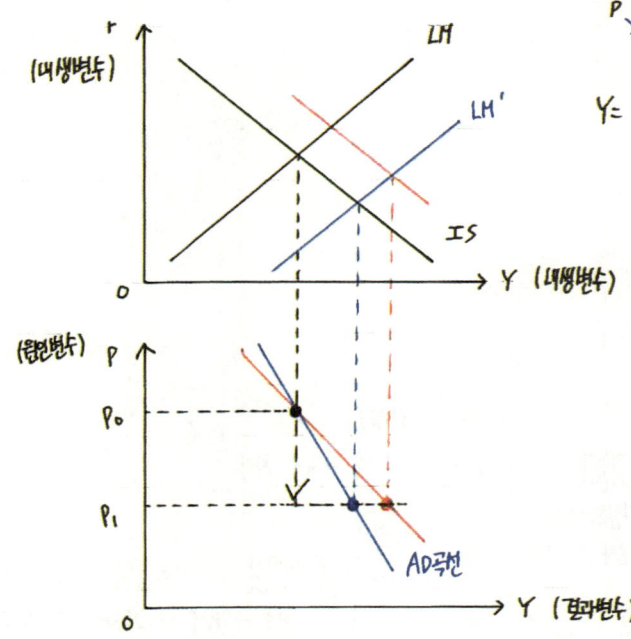

$$\frac{M^s}{P} = \bar{L} + kY - hr$$
↳ P_1으로 상승

$Y = c(Y-T) + \bar{I} - br + G + \delta \times \frac{A}{P}$ ↑ ⟨소비증가⟩

C (소비증가) ↓ 총지출곡선 상승

$P \downarrow \rightarrow \frac{M^s}{P \downarrow} \uparrow > \bar{L} + kY - hr$

* 총수요곡선은 주어진 물가 기준 경제의 균형점 (IS-LM 교점)를
   (원인변수)
   보이는 개념이다.

* AD 곡선은 물가와 상관없이 IS-LM의 교점이 변경되면
  그때의 Y 변화만큼 수평이동한다.

ex) 정부 국채 발행 (빚↑ → 정부 지출↑) → IS 곡선 오른쪽으로 이동
    → 시중 통화량 증가

05 AS 곡선의 도출

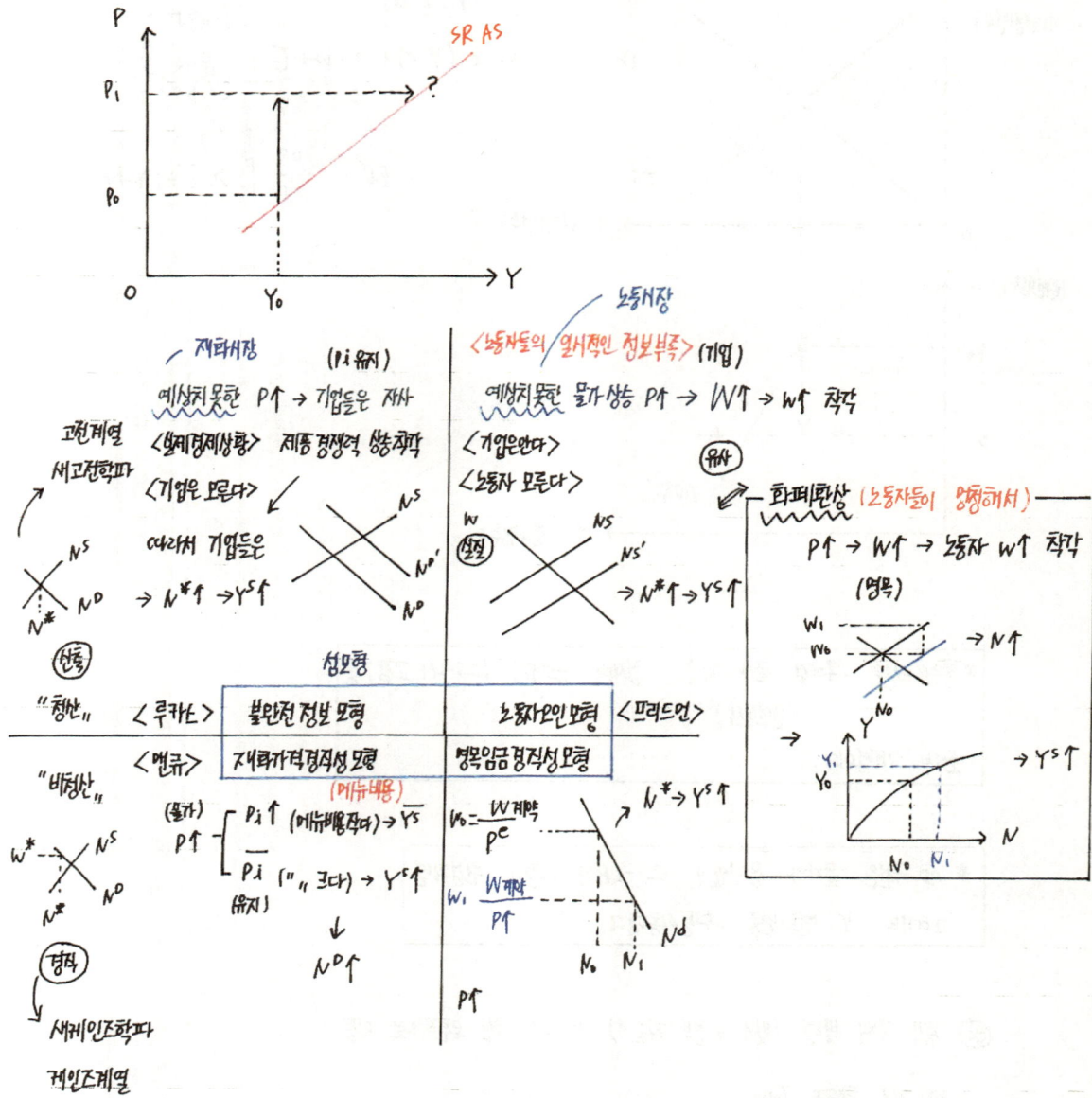

※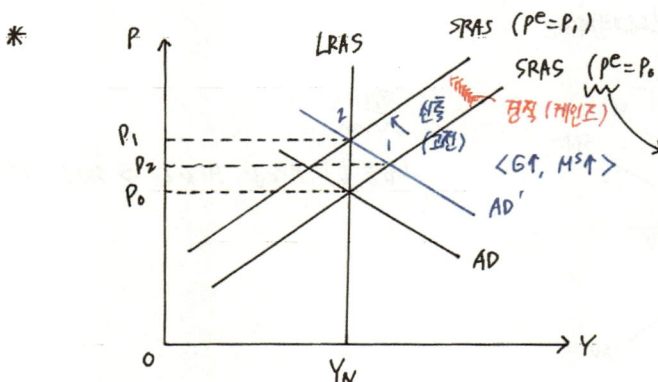

고전학파) 1에서 달성되는 균형은 일시적

새고전학파 : 정보
새케인즈학파 : 정보 + 실행

{ 재품가격 ↑
  명목임금 재계약

▶ 장기 총공급곡선과 정책무력성 명제

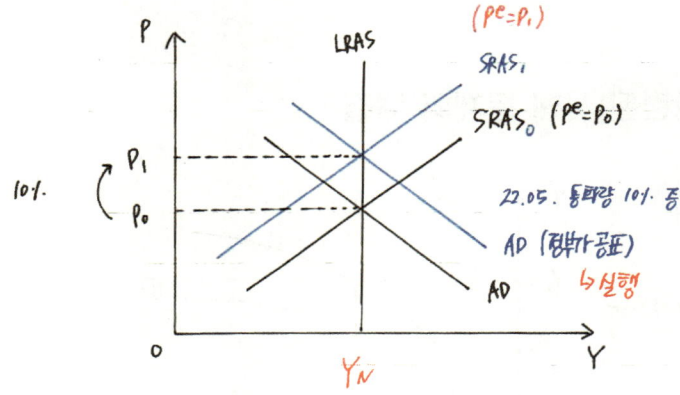

※ 적응적 기대를 가정하면
   절대로 곡선이 미리 움직이지 못한다.
   └ 사건 발생 후에 움직임.
   but

※ 합리적 기대는 정책 실행 없이도
   사전에 곡선 이동이 가능하다.
   1. 정부가 공표
        ↓
   2. 민간이 신뢰
        ↓
   22.05.01 SRAS₀ → SRAS₁
   3. 공표대로 시행
        ↓
   Yᴺ 그대로 (정책무력성 명제)

chapter 4 총수요-총공급이론 | 55

▶ 정책 딜레마

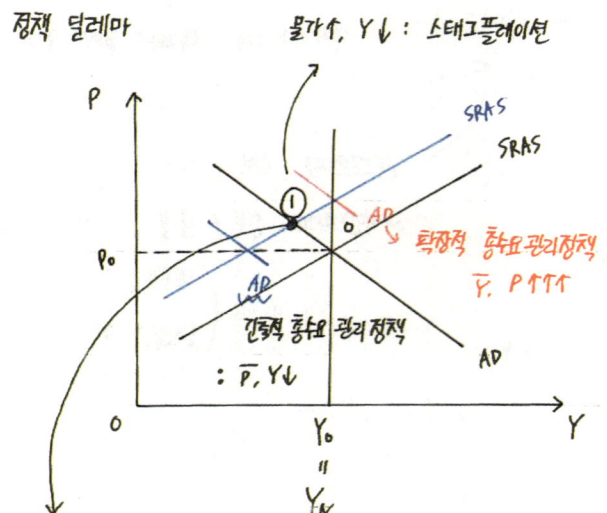

루카스) 시장이 알아서 만들어낸 최적균형 → 정부가 손대는 건 의미없다!

06 총수요-총공급 충격과 관련된 사례 문제의 해결

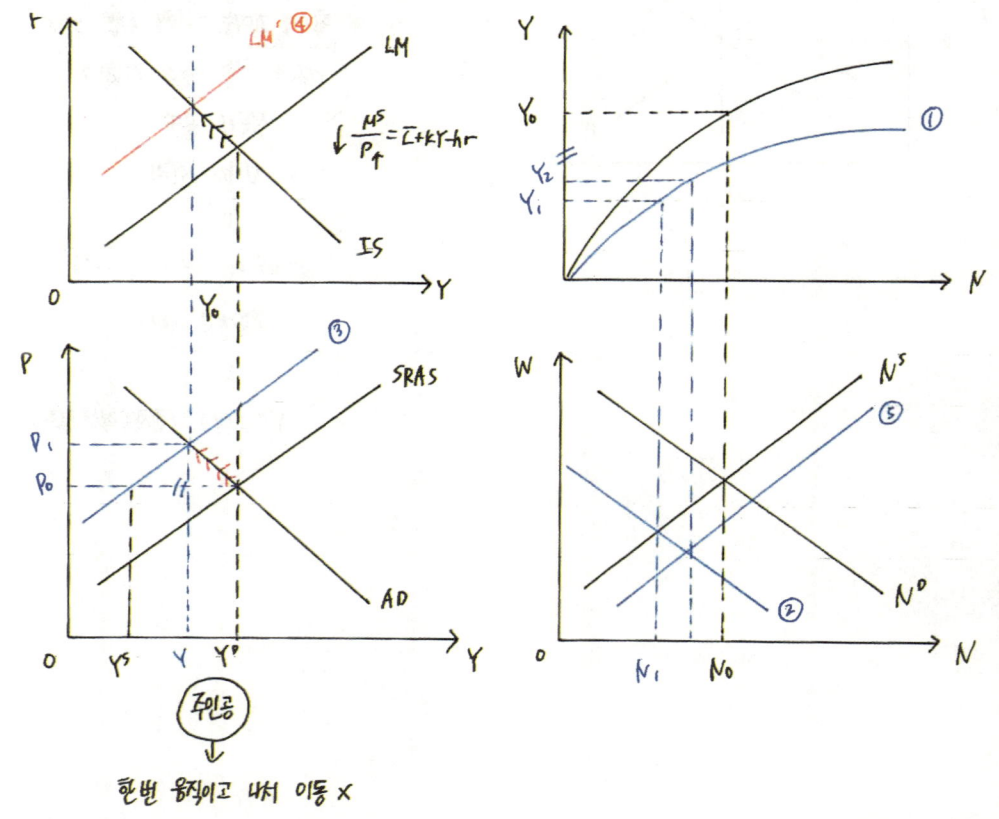

〈원유가 ↑〉 → 원유투입양 ↓ →

① AS

② AD → X

1. 모형의 설정
2. 사례를 각 곡선에 반영
3. 조정과정

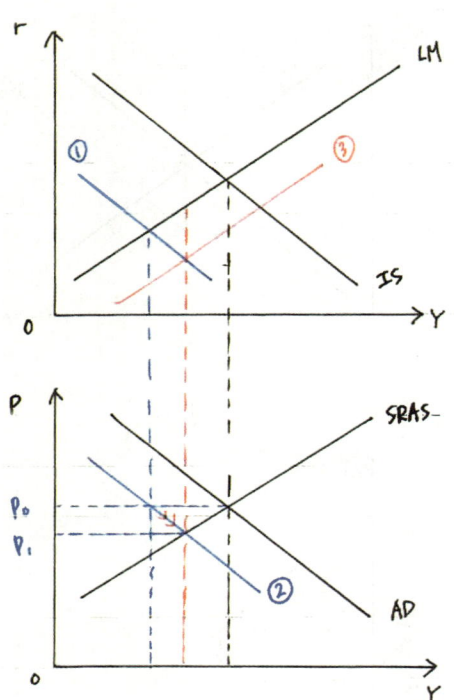
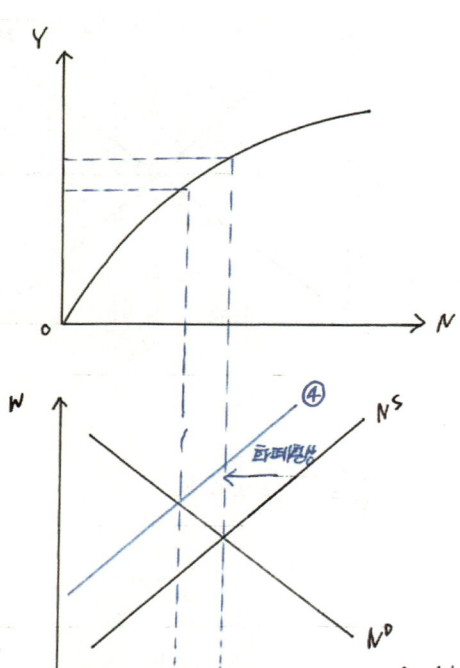

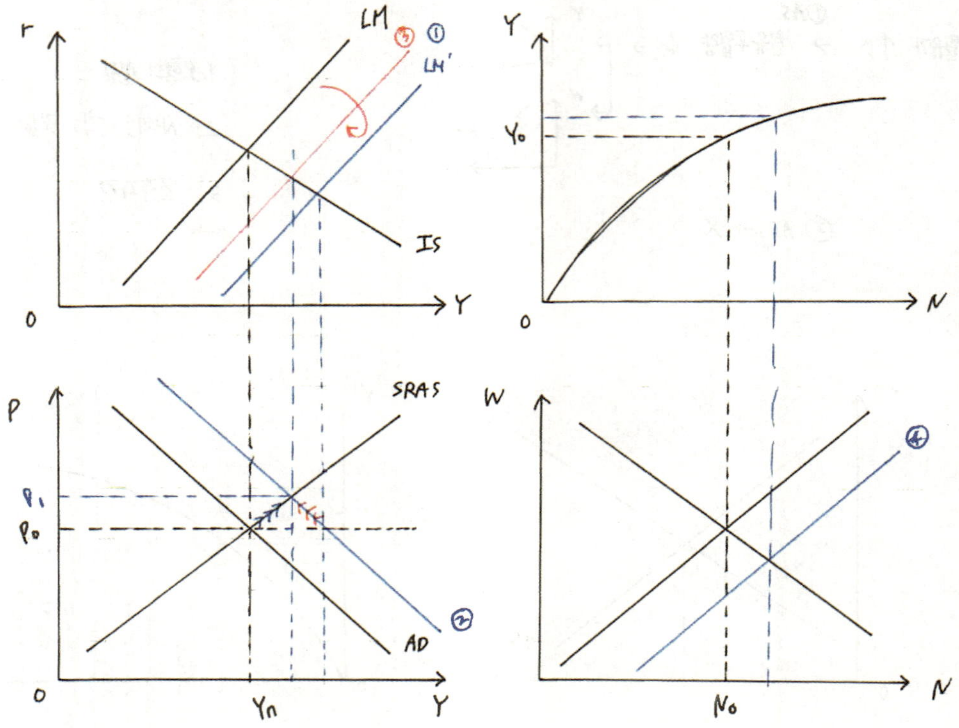

$$\frac{M^s}{P} = \overline{L} + kY - hr$$
↓

ex

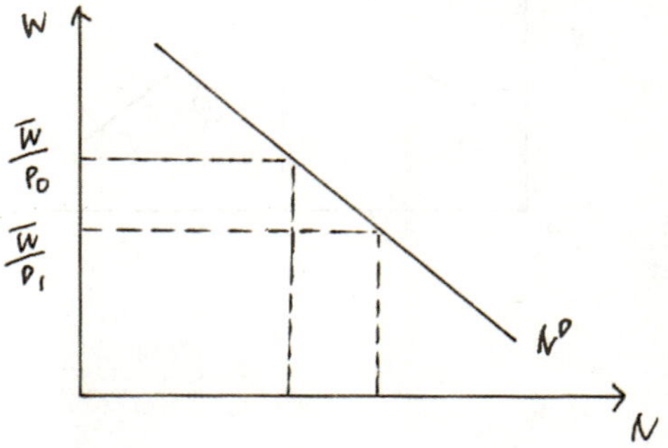

P↑ → 피셔효과 X

07 리카도 대등정리

- 미래 세대라는 개념 x → 정부가 빚을 내면 내가 갚는다!
- $Y = \bar{C} + c(Y - T - S_{가처분}) + \bar{I} - br + G$

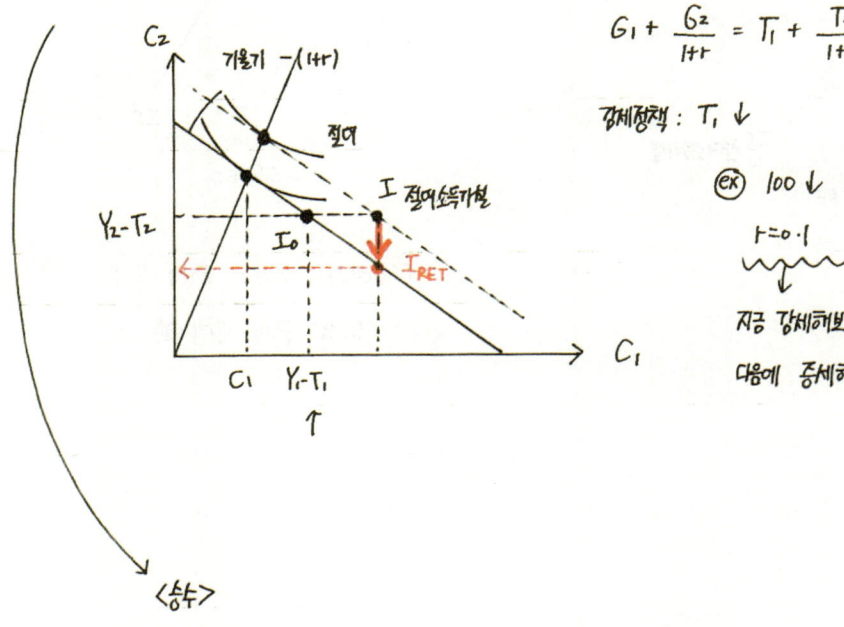

$$G_1 + \frac{G_2}{1+r} = T_1 + \frac{T_2}{1+r}$$

감세정책: $T_1 \downarrow$

(ex) $100 \downarrow \quad 110 \uparrow$

$r = 0.1$

지금 감세해봐야 다음에 증세하겠지...

⟨승수⟩

$(1-c)dY = d\bar{C} - cdT - cdS_{가처분} + d\bar{I} - bdr + dG$

$\frac{dY}{dG} = \frac{1}{1-c}, \quad \frac{dY}{dT} = \frac{-c}{1-c}, \quad \frac{dY}{dS_{가처분}} = \frac{-c}{1-c}$

① $\overset{100}{G}, \overset{100}{T}\downarrow, B\uparrow$

절대소득가설

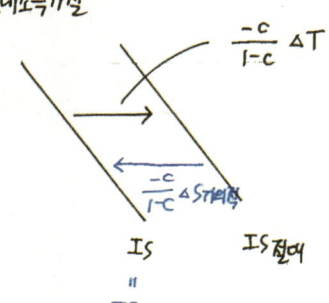

⟨RET⟩

$B\uparrow$: 미래의 증세 이를 대비하라!

$|S_{가처분}\uparrow| = |\Delta T| = |\Delta B|$

② $G\uparrow\overset{100}{T}, B\uparrow\overset{100}{}$

절대소득가설

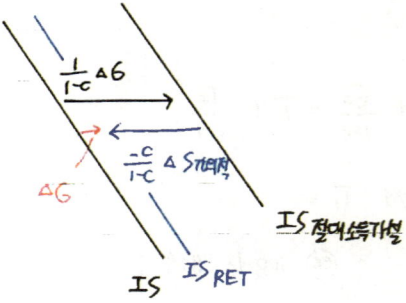

③ $G\uparrow\overset{100}{}, T\uparrow\overset{100}{}, \overline{B}$

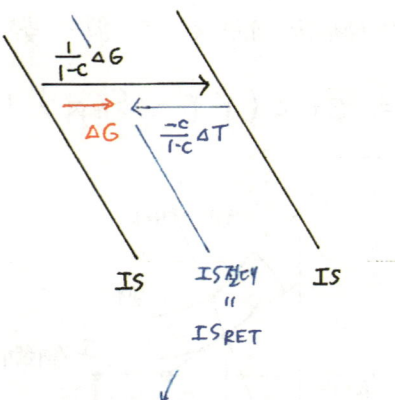

IS절대와 IS_RET 차이를 만드는 요인은 정부의 공채 발행 여부

Chapter 5 실업과 인플레이션

01 실업

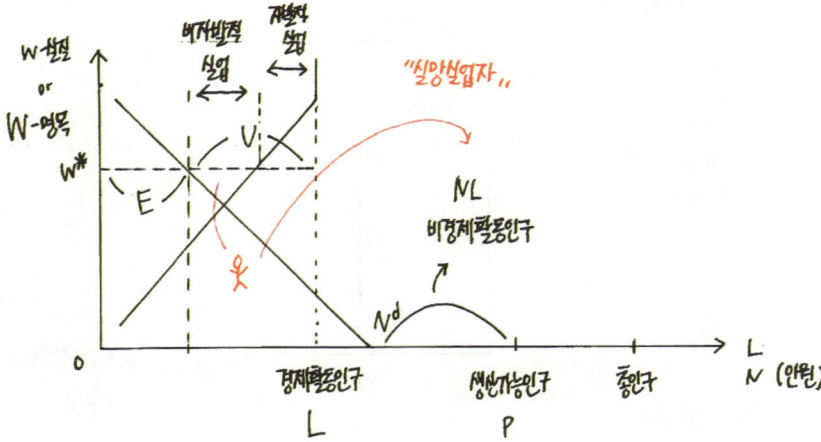

※ 실업률 = $\dfrac{U}{L}$ = $\dfrac{U}{E+U}$ ⟶ $>$ → 실업률↑ = $\dfrac{u}{\frac{f}{s}u + u}$ = $\dfrac{s}{s+f}$

if) 유지 → $\underset{\sim}{s} \underset{\sim}{E}$ = $\underset{\sim}{f} \underset{\sim}{U}$
($\bar{U}$) 실직률 취업자 구직률 실업자

$<$ → 실업률↓

※ 우리나라는 실업률이 낮은 편

$\dfrac{U-1}{L-1}$ $\begin{matrix}↓↓↓↓\\↓\end{matrix}$ → 실망실업자가 늘면 전체 실업률은 하락.

※ 고용률 = $\dfrac{E}{P}$ = $\dfrac{E}{L} \cdot \dfrac{L}{P}$ = $(1-\underset{\sim}{u})$ × 경제활동참가율
　　　　　　　　　　　　　　실업률

▶ 실업에 따른 비용

$$\frac{Y^f - Y(실제)}{Y^f \text{ 잠재생산량}} = \underset{\text{<민감도>}}{a} (U - U_N)$$

100, 95, 5% ... 5% = 2%p

실제, 자연실업률

$a_{한국} = 2.5$

ⓔⅹ <유럽>
$\boxed{Y\downarrow} = a \cdot \boxed{실업률 \uparrow}$

<일본>
$\boxed{Y\downarrow} \quad a \cdot 0$
↳ 보통 이직률이 높지 않음.

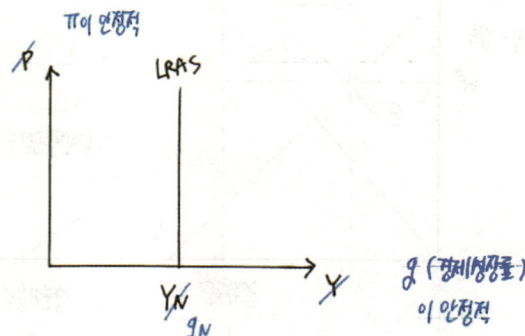
π이 안정적
LRAS
Y_N
g_N
g (경제성장률)이 안정적

∗ $g^f - g = a \cdot (U - U_N)$ %p

정상적인 경제일때 성장속도

∗ 고전학파 vs 케인즈

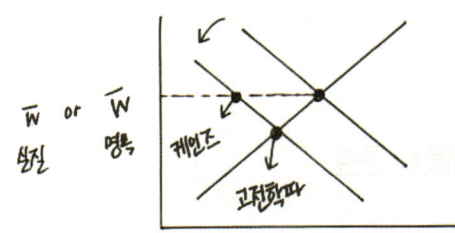
$\overline{\frac{W}{P}}$ or $\overline{W}$
실질 명목
케인즈
고전학파

<원유가↑>

(고전학파) 실업 ↑ (자발적 실업↑)
(케인즈) 〃 (비자발적 실업↑)

▶ 마찰적 실업과 탐색모형

V (평) E (취업)
V_U (실업)

한계효용 $\dfrac{dV}{dW}$ 체감

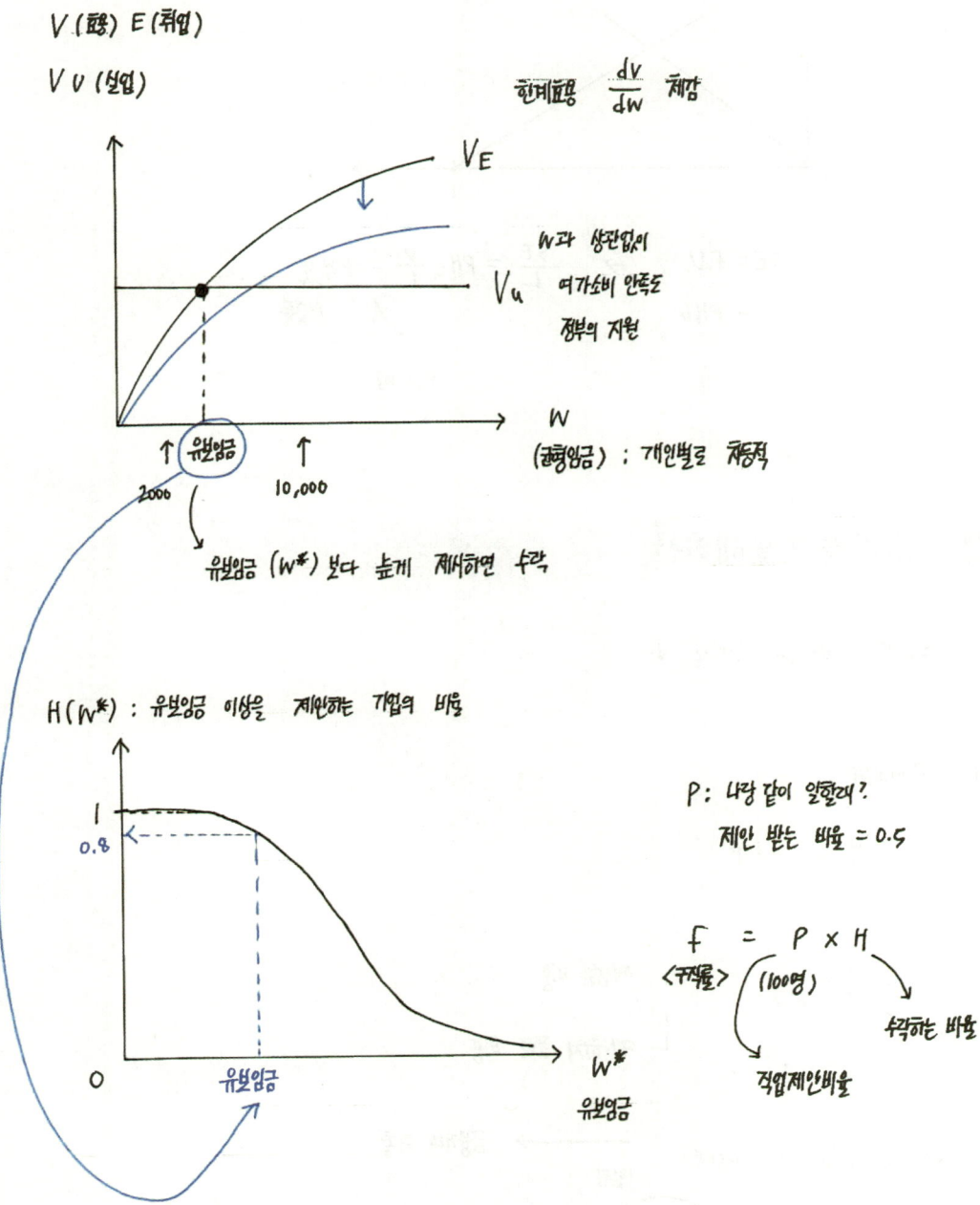

V_E

V_U : W과 상관없이 여가소비 만족도 정부의 지원

W
(균형임금) : 개인별로 차등적

↑ 유보임금 ↑
2000   10,000

유보임금 (W^*) 보다 높게 제시하면 수락

$H(W^*)$: 유보임금 이상을 제안하는 기업의 비율

P : 나랑 같이 일할래? 제안 받는 비율 = 0.5

$f = P \times H$
⟨구직률⟩ (100명)
↓   ↘
직업제안비율   수락하는 비율

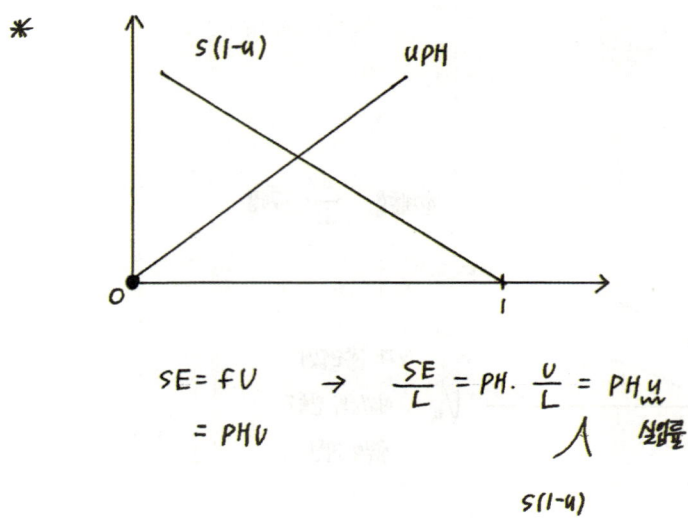

02 물가와 인플레이션

- 물가↑ → 화폐의 구매력 ↓

▶ 인플레이션

$$\frac{\dot{P}}{P} = \pi = d\ln P$$

P ↗ π > 0   ┌ 예상한 비용
              └ 예상하지 못한 비용

ex) ⟨자의적인 부의 재분배⟩ ──→ 금융거래 위축

100만원 ↷ 1년뒤 100만원

$R = r + \pi$ → 채무자에게 이전

▶ 재정적자 해소를 위한 인플레이션 유발 가능성
  유증

D
국가채무 (저량)

$$D_t - D_{t-1} = r \cdot D_{t-1} + G_t - T_t$$

(빚의 크기가 중요한 게 아님. 중요한 건 ① $\frac{D}{Y}$!
                              ② $\frac{이자부담}{Y} = \frac{RP}{Y}$ 가 중요   ← 이자율

$$\frac{D_t}{Y_t} = \frac{(1+r)}{(1+g)} \frac{D_{t-1}}{Y_{t-1}} \cdot \cancel{\frac{Y_{t-1}}{Y_t}} + \frac{G_t - T_t}{Y_t}$$

↳ 대청끼리 바꿔주기   역수

〈역수〉
$\frac{Y_t = 105}{Y_{t-1} = 100} = (1+g)$
                        경제성장률

$$\frac{(1+r)}{(1+g)} \frac{(1-g)}{(1-g)} \doteq \frac{1+r-g-rg}{1-g^2}$$

$$\frac{D_t}{Y_t} - \frac{D_{t-1}}{Y_{t-1}} = (r-g) \frac{D_{t-1}}{Y_{t-1}} + \frac{G_t - T_t}{Y_t}$$
  목표   감소 → 수단 ① r↓ 제일 안안 ← MS↑   ⇒ 인플레이션 유발
                     ② g↑ : 불가
                     ③ G_t↓ ⎫ 쉽지 않아..
                     ④ T_t↑ ⎭

※ 재정적자를 줄이기 위해 인플레이션 유발 (O)
   긴축적 통화정책 / 디플레이션 (X)

▶ 화폐주조차익

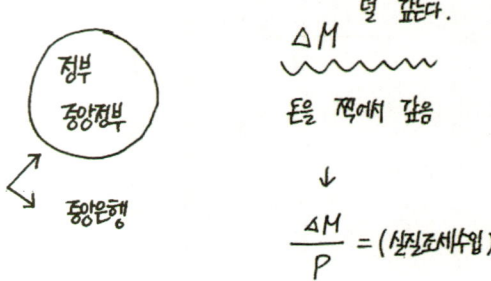

ΔM 덜 갚는다.

돈을 찍어서 갚음

↓

$\dfrac{\Delta M}{P}$ = (실질조세수입)

03 필립스곡선

〈필립스곡선〉 π-u 평면에서 u와 π의 단기 상충 관계

Y와 반비례 관계

고전학파) 빨리 이동, SPC도 빨리 이동

케인즈) 오래 걸림, SPC도 오래 걸림

〈오쿤의 법칙〉

〈암기〉

$\pi = \pi^e - \beta(u - u_N)$ "$\hat{MP_N}$ 변화율" + v (부정적 공급충격)

기대인플레이션율

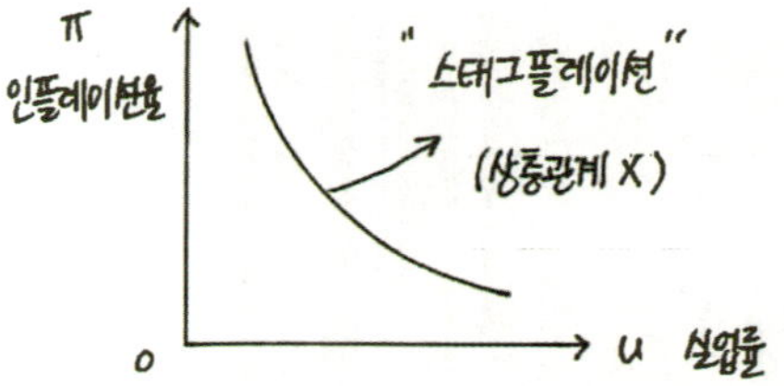

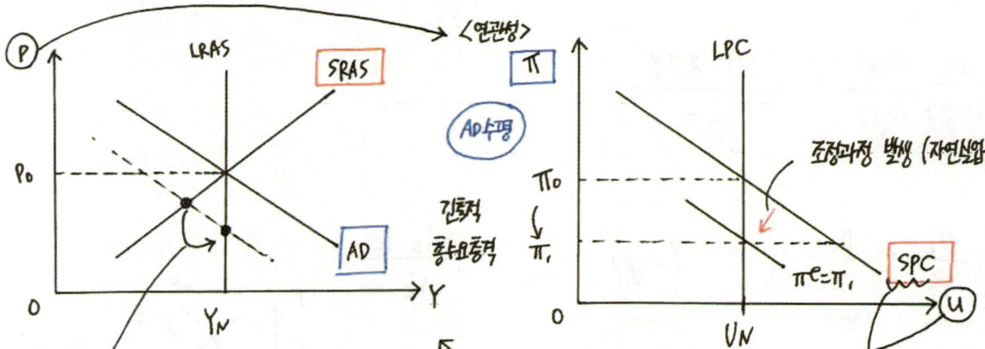

▶ 자연실업률 가설과 NAIRU

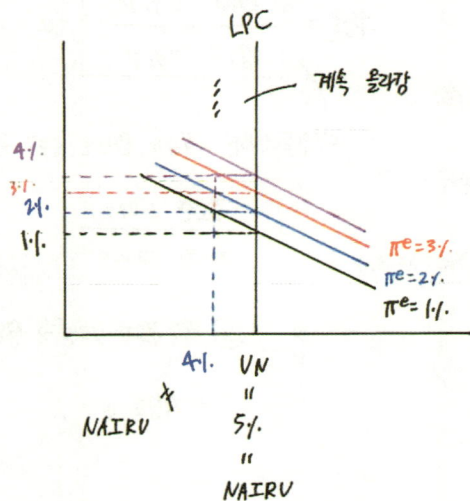

\<NAIRU\>
: 인플레이션율의 가속화를 시키지 않는 실업률

▶ 이력현상

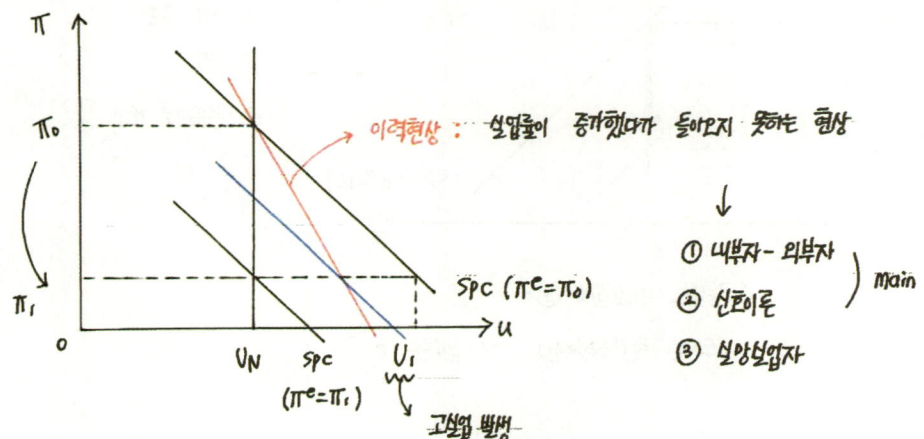

이력현상 : 실업률이 증가했다가 돌아오지 못하는 현상

↓
① 내부자-외부자
② 신호이론   ⎫ Main
③ 실망실업자

▶ 희생률

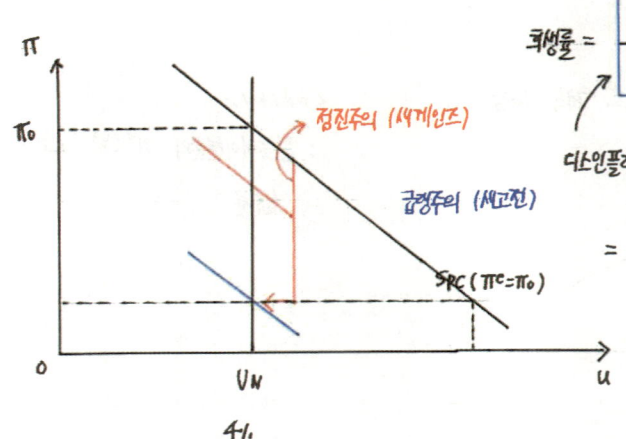
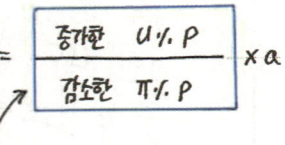

희생률 = $\dfrac{\text{증가한 } U\%\cdot P}{\text{감소한 } \pi\%\cdot P} \times a$ ← ISPC 기울기의 역수

디스인플레이션 (물가가 오르는 속도를 줄임)

= $\dfrac{\text{감소한 } GDP\%\cdot P}{\text{감소한 } \pi\%\cdot P}$

ex) 착각 정도가 낮으면 → 생산량 변동 ↓
→ 희생률 ↓

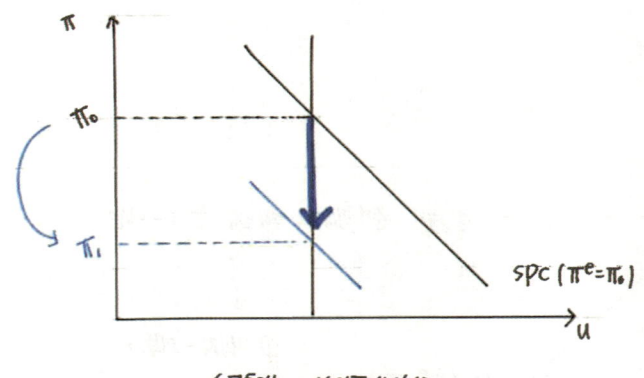

〈합리적 기대〉
① 미리 공표
② 신뢰
③ 공표대로 시행

〈고통없는 디스인플레이션〉
(무비용 반인플레이션) → 희생률 0

※ 이력현상에서 희생률은 무한대
∴ 기존 실업률로 돌아오지 못함.

▶ 재량과 준칙

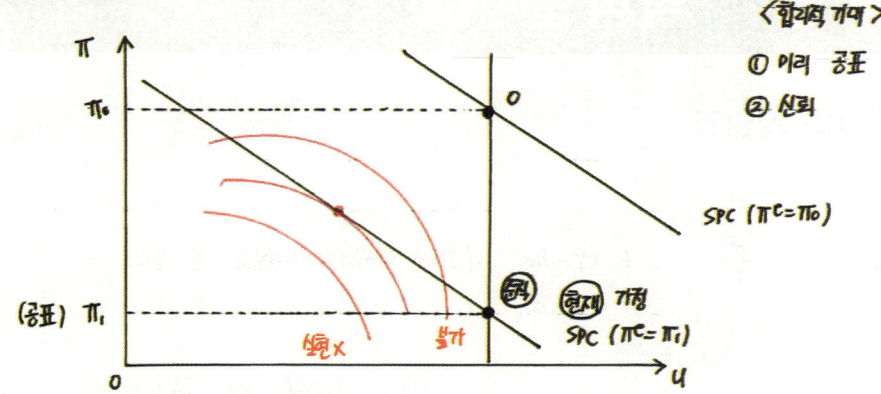

$$\underset{\pi}{\text{Min}}\ L\ (손실함수) = f(u, \pi) \qquad s.t.\ SPC\ 현재$$

① 준칙정책 : π, 공표 $= \pi$, 실제

② 재량정책

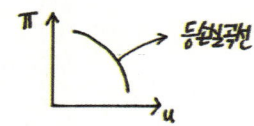

foc : $\left.\dfrac{d\pi}{du}\right|_L = \left.\dfrac{d\pi}{du}\right|_{SPC}$

Chapter 6 학파별 비교

01 고전학파와 케인즈

"LM 곡선이 수직" → $\frac{M^s}{P} = \overline{L} + kY - hr$ (소득이 바뀌어도 이자율로 복구 불가)

↓   ↓

"AS도 수직" $h=0$

                                            이자율과 화폐수요 사이 관계 X

※ p.90~91 숙지하기!

02 케인즈학파와 통화주의학파

고전학파 - LM 수직

↓

통화주의 - LM 완만, 화폐수요이자율탄력성이 매우 작음.
(신축가정)

            IS를 이동시키는 정책 효과 ↓

            통화정책 효과 큼 (but 다시 균형 돌아감)

03 새고전학파와 새케인즈학파

　　　　　신축적　　　　경직적

〈루카스비판〉 한계소비성향 · 저축성향 · 투자성향이 일정 라는 주장에 대한 비판

▶ 명목임금 경직성 모형 　(조정되는 데 시간이 오래 걸림)

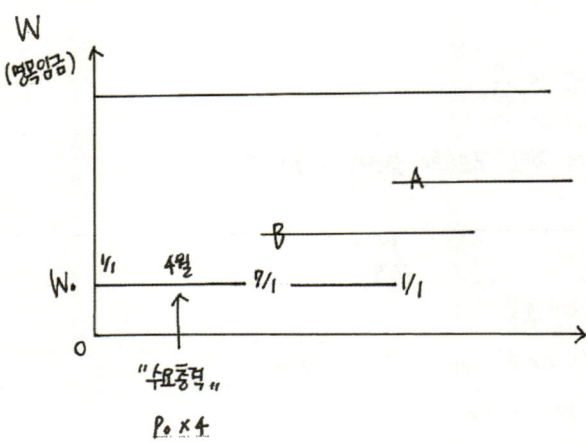

"수요충격"
$P_0 \times 4$

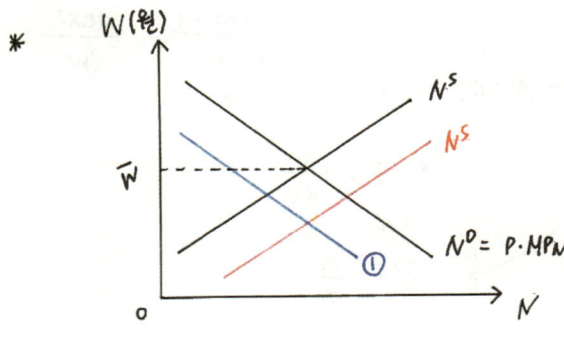

① $N^d \downarrow$
② $N^s \rightarrow$

비자발적 실업이 언제든지 가능함.

▶ 실질임금 경직성 모형
① 효율성 임금 가설
　월급이 '얼마' 인게 중요한게 아니라 바나나를 몇 개 살수 있는지가 중요.
　실질임금 ↑ → 노동자들의 근로 의욕 상승

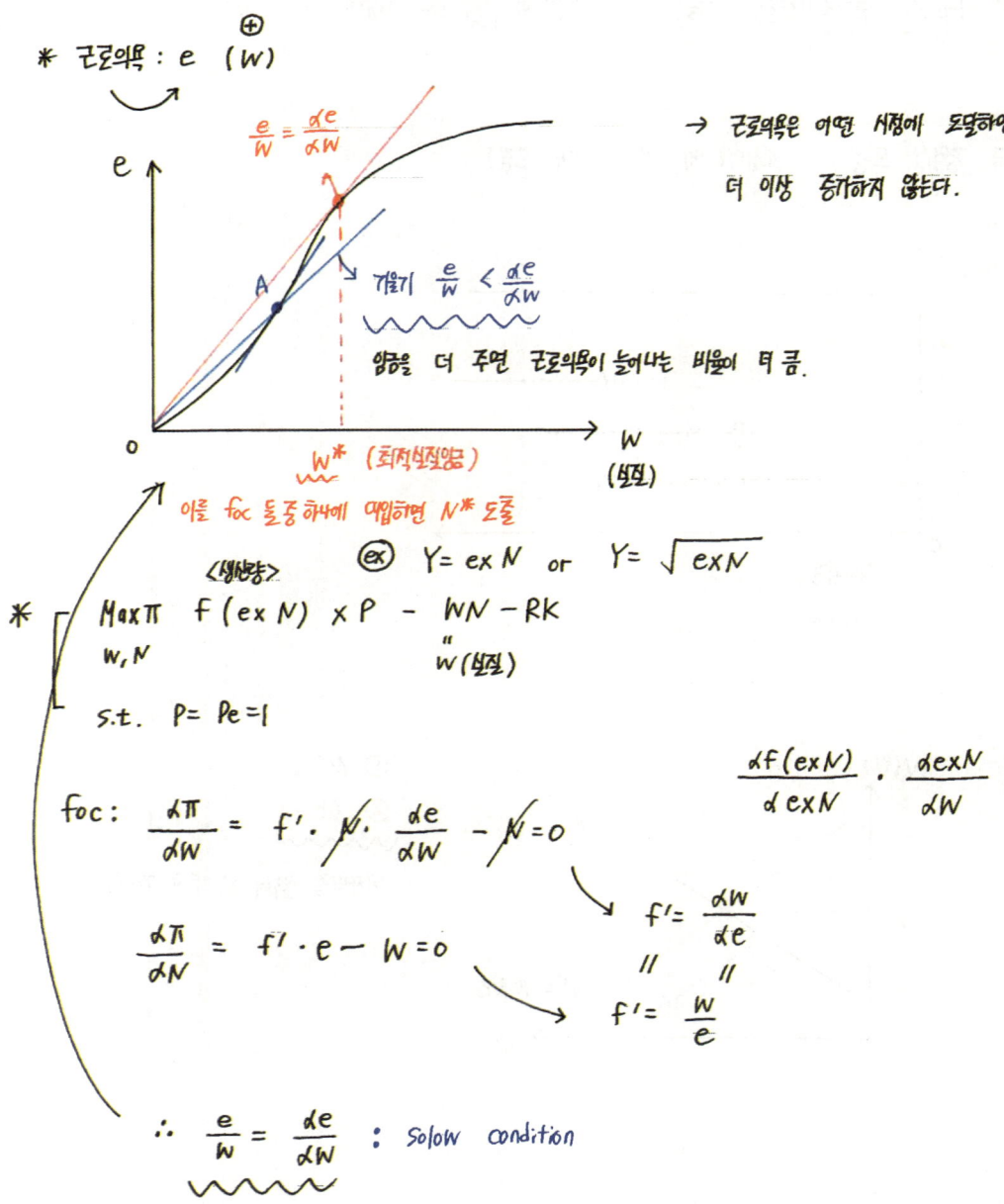

* 근로의욕 : $e(\overset{\oplus}{W})$

$\dfrac{e}{W} = \dfrac{de}{dW}$

→ 근로의욕은 어떤 시점에 도달하면 더 이상 증가하지 않는다.

기울기 $\dfrac{e}{W} < \dfrac{de}{dW}$

임금을 더 주면 근로의욕이 늘어나는 비율이 더 큼.

W^* (최적실질임금)

이를 foc 둘 중 하나에 대입하면 N^* 도출

〈생산량〉 ex) $Y = e \times N$ or $Y = \sqrt{e \times N}$

* $\underset{W, N}{\text{Max}\,\pi}$ $f(e \times N) \times P - WN - RK$
　　　　　　　　　　　　　W(실질)

　s.t. $P = P^e = 1$

foc : $\dfrac{d\pi}{dW} = f' \cdot \cancel{P} \cdot \dfrac{de}{dW} - \cancel{N} = 0$ 　　$\dfrac{df(e \times N)}{d\,e \times N} \cdot \dfrac{de \times N}{dW}$

　　　　　　　　　　　　　　　　　　　↘ $f' = \dfrac{dW}{de}$
　　$\dfrac{d\pi}{dN} = f' \cdot e - W = 0$ 　　　　　　∥
　　　　　　　　　　　　　　　　　　　　 $f' = \dfrac{W}{e}$

∴ $\dfrac{e}{W} = \dfrac{de}{dW}$: Solow condition

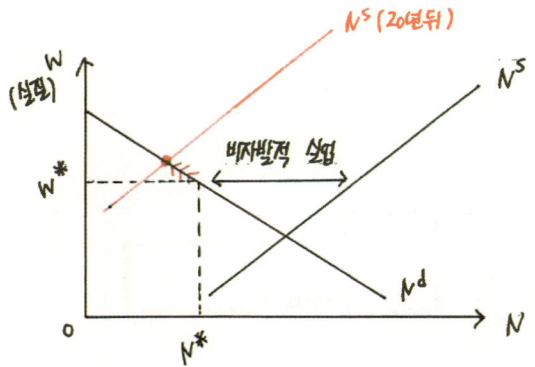

▶ 암묵적 계약이론

COLA : 물가 10% → 명목임금 10% ↑ → 실질임금 경직성

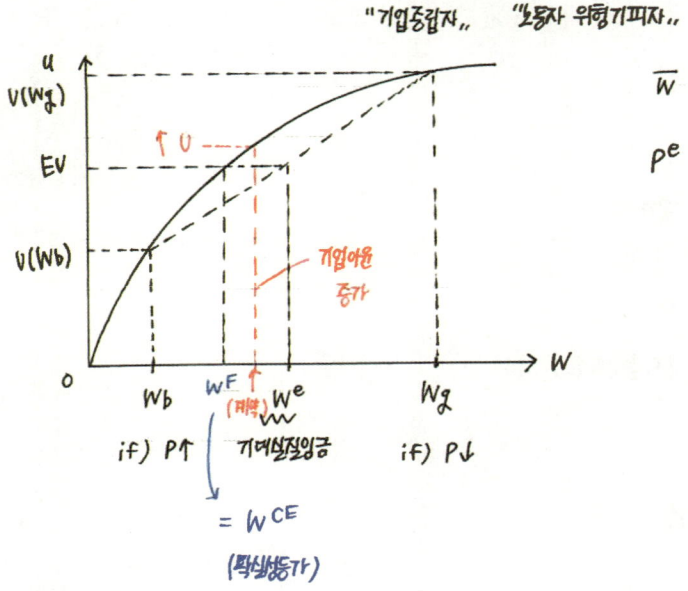

▶ 메뉴비용 이론

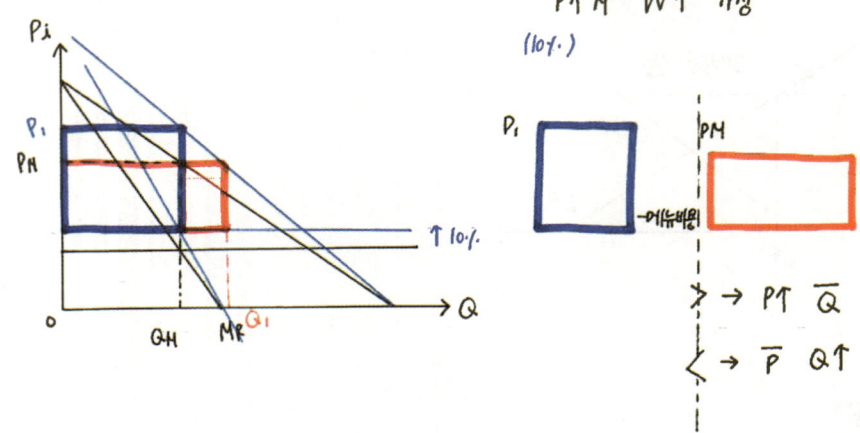

04 학파별 정리

★ 고전학파) IS 완만
　　　　　　LM 수직
　　　　　　통화량 ↑ → 물가 ↑

★ 케인즈) IS 수직
　　　　　LM 수평 (디플레이션)
　　　　　AS 수평

케인즈학파) 정태적 기대 가정

통화론자) 완만한 IS
　　　　　가파른 LM
　　　　　적극적인 통화정책 주장 X → K·% rule 주장함. (안정적으로 유지하자!)
　　　　　우상향하는 SRAS 곡선, 수직인 LRAS 곡선

새고전학파) 순간 오차는 생길 수 있으나 오차가 반복되지는 않음.
'지속되는 상태'? 고쳐야 한다 (X) → 정책무력성 명제

새케인즈학파) 정책딜레마 → 적극적 정책 주장
'경기변동'은 꺼진 목표를 위해 조정해야할 대상

Chapter 7 경기변동, 경제발전, 경제성장

01 경기변동 개념과 주요지수

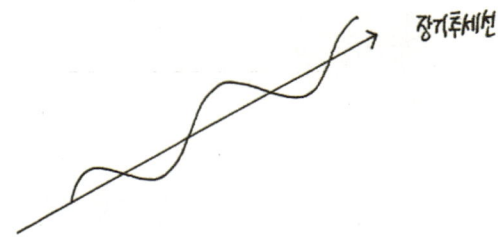

* 종합지수 암기해주기

* 새고전학파 ─ RBC (실물)
               ├ 공급충격 (원유가 상승/감소 기술진보)
               └ MBC (화폐)

02 실물경기변동론자의 경기변동이론

1. 가정

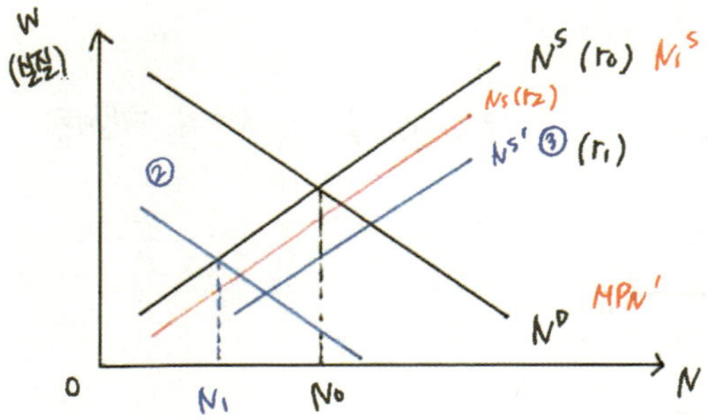

1) Y^S의 우상향

r↑ → 소득효과 → 저축자 (소득 ↑) → N_1^S ↓ N_2^S ↓
→ 차입자 (소득 ↓) → N_1^S ↑ N_2^S ↑

반대방향이므로 상쇄됨을 가정, 무시

→ 기간간 대체효과 → N_1^S ↑ N_2^S ↓

↳ 노동공급곡선 우측이동

N^D ↓ N↑, Y^S↑

$$\frac{M^S}{P} = \bar{L} + kY - hr \fallingdotseq L(Y,r)$$

$\Rightarrow M^S = P \cdot L$

$M^D = P \cdot L$

기울기 : $\frac{1}{L}$

2) 화폐의 중립성

: M^S↑

→ 통화량이 증가한 비율만큼 물가만 상승하고 실물경제에 파급효과 X

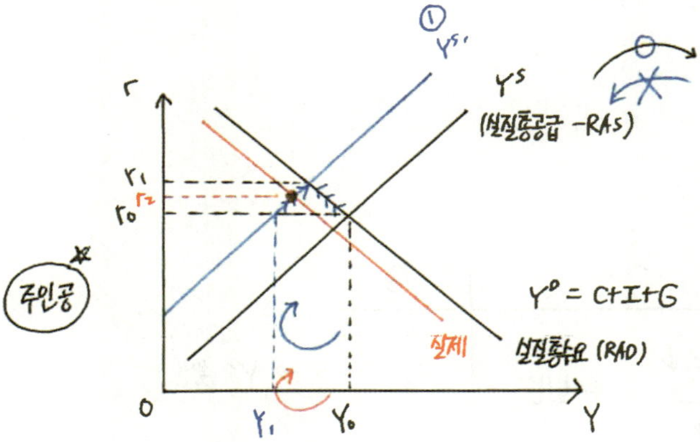

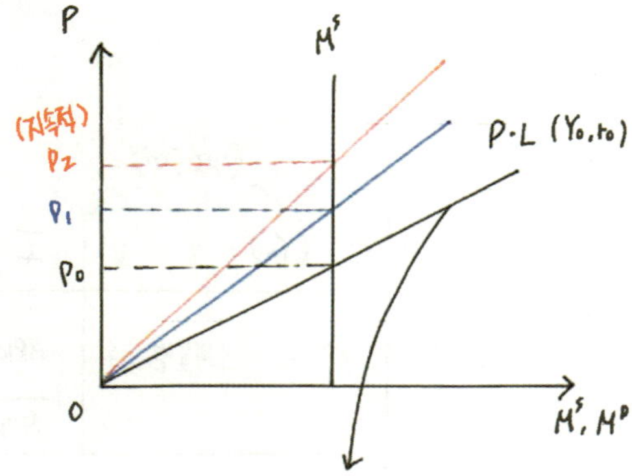

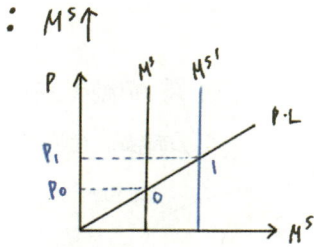

2. 사례 (원유가 상승) → 부정적 공급충격
   1) Y^s 일시적 or 지속적
   원유가↑ → 원유투입량↓ → 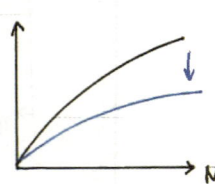 → MP_N↓ → N^d의 하방이동

   → $N_{균형노동량}$↓ → Y^s↓   (Y^s 곡선 좌측이동)

   2) Y^D 항상소득가설

	C (Y_P)	I		G	
일시적	$\overline{Y_P}$ 소비불변	MP_K'↓ / MP_K^2	투자불변	·	→ Y^D 불변
지속적	$\overline{Y_P}$↓ 소비↓	MP_{K1}↓ MP_{K2}↓	투자감소	·	Y^D ←

3. 나머지 시장 정리
   1) 노동시장
   r↑ → 기간간 대체효과 → N_1^s↑ → N^*↑, Y^s↑

   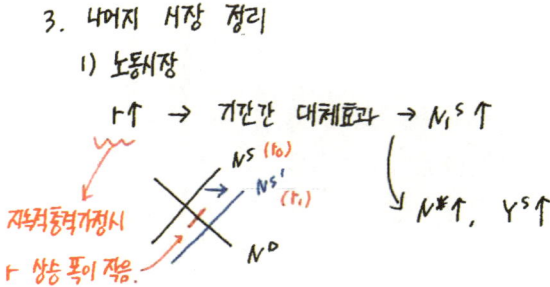
   지속적충격가정시
   r 상승 폭이 작음.

   2) 화폐시장
   보통 이자율보다 용돈이
   화폐수요에 미치는 영향이
   더 크다!
   ↓
   조금이라도 애매하면
   Y 기준으로 판단하기

   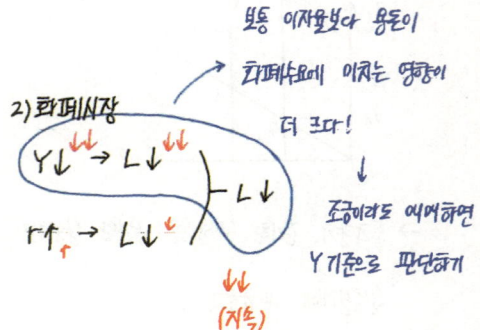
   Y↓↓ → L↓↓
   r↑ → L↓ L↓
                    ↓↓
                   (지속)

▶ 실물경기변동론자 이론의 한계

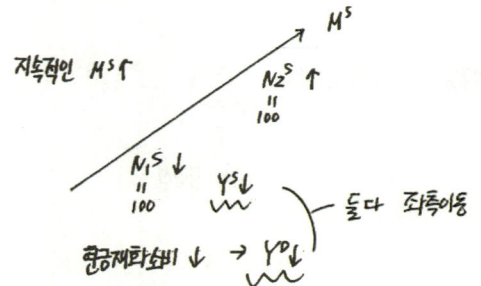

화폐의 초중립성? No
∵ 물가가 오를 거라고 예상이 되면 노동자들은 일을 덜 함.

03 화폐적 경기변동이론 (정부의 재량적 개입 인정 ×)

경기변동? 예상치 못한 통화량의 증가가 원인!

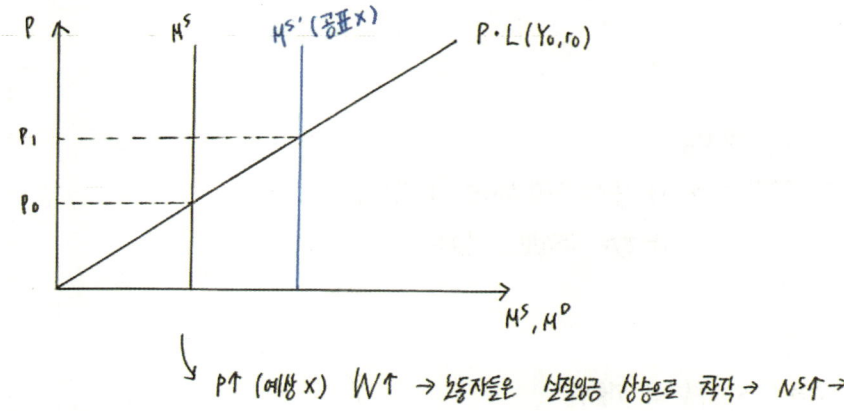

↓ P↑ (예상 X) W↑ → 노동자들은 실질임금 상승으로 착각 → N^S↑ → Y↑

04 새케인즈 학파의 경기변동론

경기변동원인 ?   RBC : 공급충격 ,   MBC : 예기치 못한 화폐충격 ,   새케인즈학파 : 모든 것
                                                                    ↑
                                                              가격의 경직성

<메뉴비용> → 실물경제에 영향 존재

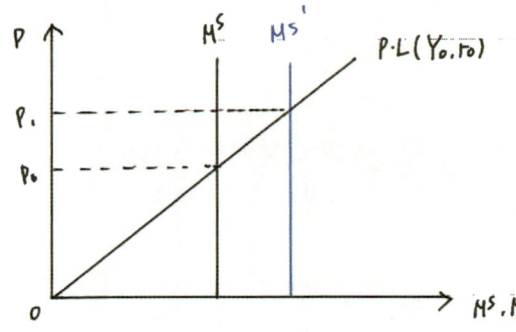

▶ 조정실패모형 (= 복수균형모형)
  ↳ 물가 ↓ → 경기불황 → 다 같이 가격 내리면 회복됨 but
                        나 혼자 내리면 실패

① MP_N이 체증
② |N^d의 기울기| > |N^s의 기울기|

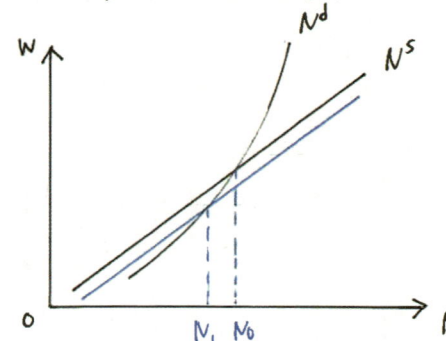

→ 지금은 사람이 모이면

  한계생산성이 항상 체감하는건 아님!

  : N^s 의지 ↑ → N^s 우측이동 →

  N^* (실제 균형) ↓

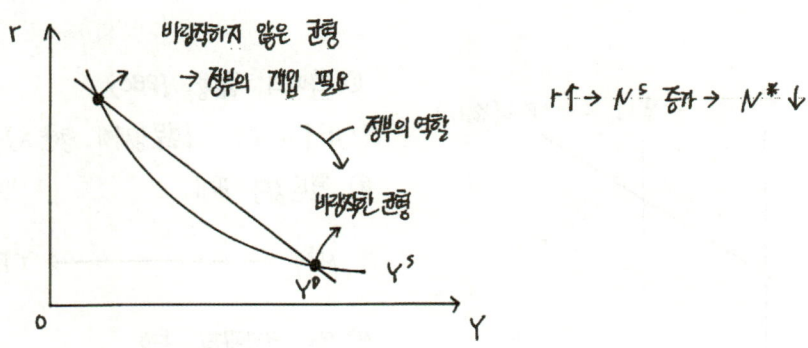

05 새고전학파와 새케인즈학파의 대립

▶ 솔로우 잔차항

$Y = ZK^\alpha \cdot N^{1-\alpha}$

↳ 경제의 기술수준 : 솔로우 잔차

$\dfrac{d \ln Y}{dt} = \dfrac{d \ln Z}{dt} + \alpha \dfrac{d \ln K}{dt} + (1-\alpha) \dfrac{d \ln N}{dt}$ 〈로그미분〉

$\dfrac{\dot Y}{Y} = \dfrac{\dot Z}{Z} + \alpha \cdot \dfrac{\dot K}{K} + (1-\alpha) \cdot \dfrac{\dot N}{N}$

↳ 솔로우 잔차항

※ $\dfrac{\dot Z}{Z}$ 에 대해서 → 실제 생산에 관여
  ↳ 매우 중요!

① 새고전학파 (RBC) : $Z_{실제}$
  : 기술수준 (진보), 생산성 (원유·원자재 가격 ↑ or ↓) → 실제 생산량과 무관하더라도 기업이
                                                      자체적으로 조정하는 변수

② 새케인즈학파 (기업의 고용의지가 Z이다) $Z_{임시책정} \ne Z_{실제}$
  : 기술진보, 생산성, 정치, 경제상황, 사회적 분위기, 문화, 기후, 법, 제도, 노동저장

▶ 화폐의 중립성

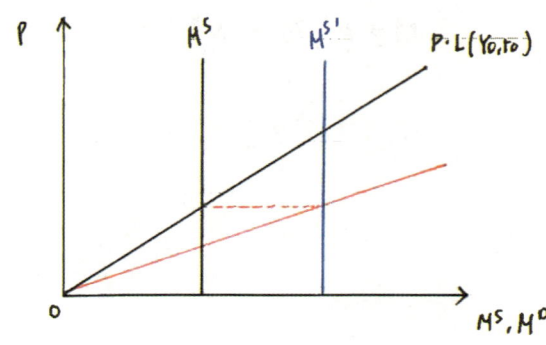

① 화폐의 중립성 (RBC)
   $M^S↑ → P↑$ (실물경제에 영향 X)

② 현실경제 사례
   $M^S↑ \longrightarrow Y↑$

③ 역의 인과관계 논쟁
   $Z↑ → Y↑ → L↑ → P↓$ 예상
   그래서 "선제적으로" $M^S↑$

   (아무것도 안하면 $\overline{M^S}$ 유지)

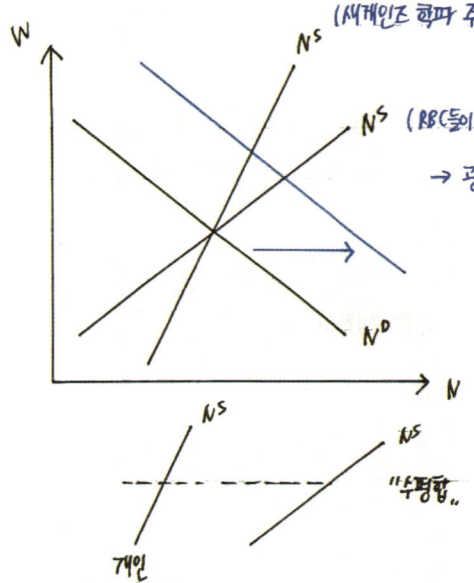

(새케인즈 학파 주장)

N^S (RBC들이 필요로 하는 기울기)
→ 광범위한 경기변동을 설명하기 위해!
↓
현실경제에서는 임금률이 떨어진다고 해서
바로 그만두지는 않음.

"수평합"
개인

〈 P.101 경기변동관련 견해차 정리〉
〈 P.102 거시경제지표〉

* 물가수준 (경기역행적)
  ↳ 현실경제에서 사람들이 많이 쓰면 정부가 관여 (통제적으로)

* 실질이자율
  $r = R - \pi^e$

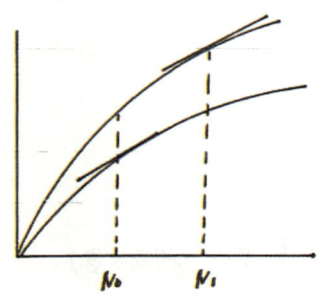

06 경제성장과 관련한 정형화된 사실과 성장회계방정식

* 자본계수 $= \dfrac{K}{Y}$ → 역수 취하면 소득계수 (안정적인 상관관계를 가정)

   한계자본계수 $= \dfrac{dK}{dY}$

▶ 성장회계방정식 (Z의 변화율 구하기)

$$\dfrac{\dot{Y}}{Y} = \dfrac{\dot{Z}}{Z} + \alpha \dfrac{\dot{K}}{K} + (1-\alpha) \cdot \dfrac{\dot{N}}{N}$$

↓   ↓   ↓

0.02   0.4×0.02   0.6×(-0.01)

① $\dfrac{\dot{Z}}{Z} = ?$

② $\dfrac{\dot{Z}}{Z}$ 가 $\dfrac{\dot{Y}}{Y}$ 에 기여한 비율 $= \dfrac{\dot{Z}/Z}{\dot{Y}/Y}$

   (솔로우잔차 GDP

     기술진보

07 외생적 성장이론

▶ 해로드 - 도마 모형

$$S = \underset{총저축}{s} \underset{저축률}{Y} \underset{GDP}{}, \quad S = \underset{총투자}{I}$$

$$Y = \min\left(\frac{K}{v}, \frac{L}{\alpha}\right) \quad \langle 경제가\ 성장하려면\ \frac{K}{v}, \frac{L}{\alpha}\ 둘다\ 성장해야\ 함\rangle$$

균형적 · 완전고용

$$Y = \frac{K}{v} = \frac{L}{\alpha}$$

$$\Delta Y = \frac{\Delta K}{v} \xrightarrow{단순화 \to I} = \frac{\Delta L}{\alpha}$$

▶ 솔로우 모형

$$\frac{\dot{N}}{N} = n, \quad \delta : 감가상각률$$

$$C = cY = (1-s)Y$$

$$S = Y - C$$

* $k_{t+1} = I_t + (1-\delta)k_t$ 〈암기하기〉

$$\dot{k} = k_{t+1} - k_t = I_t - \delta k_t$$

$$\dot{k} = I - \delta k \quad [\times \frac{1}{k}]$$

$$\frac{\dot{k}}{k} = \frac{I/N}{k/N} - \delta$$

$$= \frac{sy}{k} - \delta$$

※ 가정

① N(인구)
    "   ) 구별하지 X
    L (노동자)

② $T = G = 0$

③ 대문자변수: 국가 전체
    소문자변수: 1인당

※ $I = S = s \cdot Y$

$k = \dfrac{K}{N}$ 〈로그전환〉

$\ln k = \ln K - \ln N$

$\dfrac{\dot{k}}{k} = \dfrac{\dot{K}}{K} - n$ $\quad \left(\dfrac{sY}{K} - \delta \text{ 식과 결합} \right)$

$\dfrac{\dot{k}}{k} = \dfrac{sy}{k} - (\delta + n) \quad [\times k]$

$\boxed{\dot{k} = sy - (n+\delta)k \;:\; \text{자본축적방정식}}$ 〈암기!〉

▶ 단기에서 장기로 이동하는 과정에서의 분석

$Y = Z \cdot K^\alpha \cdot N^{1-\alpha} \quad \left[\times \dfrac{1}{N} \right]$

$y = Z \cdot \left(\dfrac{K}{N} \right)^\alpha = Z \cdot k^\alpha$ 〈1인당 생산함수〉

$MP_k = \dfrac{dY/N}{dK/N} = \dfrac{dy}{dk}$

〈1인당을 분석하는 이유〉
- GDP보다 한 개인이 얼마나 잘 사느지가 중요!
  (중국이나 인도에 대한 선망이 비교적 적은 이유)

$\begin{bmatrix} \dfrac{dY}{dK} = \alpha Z \; \dfrac{N^{1-\alpha}}{K^{1-\alpha}} = \alpha Z \; \dfrac{1}{k^{1-\alpha}} \\[2ex] \dfrac{dy}{dk} = \alpha Z k^{\alpha-1} = \alpha Z \; \dfrac{1}{k^{1-\alpha}} \end{bmatrix}$ 자본의 한계생산성 체감

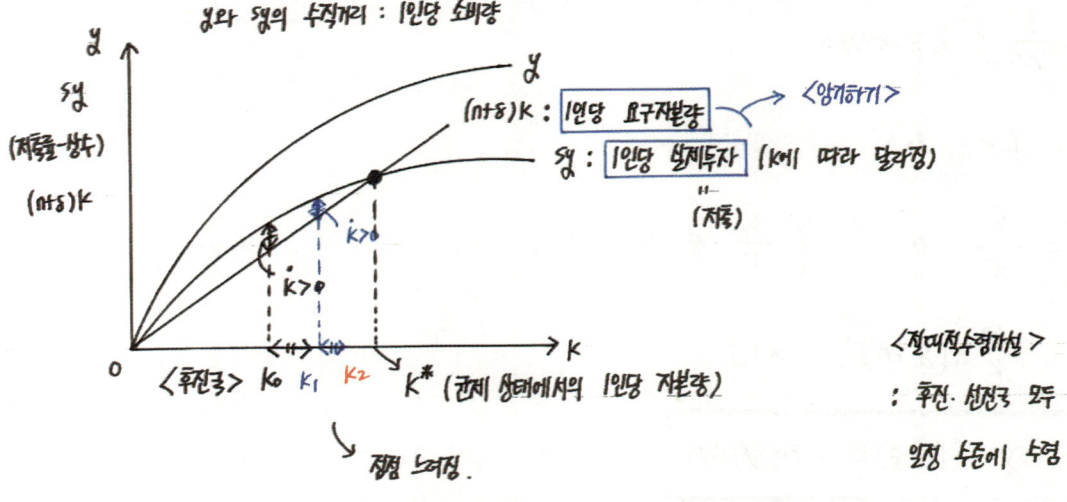

$$\dot{k}/k = \frac{sy}{k} - (n+\delta)$$

$$\frac{s \cdot z \cdot k^{\alpha}}{k} = \frac{sz}{k^{1-\alpha}}$$

⟨TIP⟩ $\frac{Y}{N} = y \rightarrow Y = y \times N$

로그근사화

$\frac{\dot{Y}}{Y} = \frac{\dot{y}}{y} + n$ $\left[y = z \cdot k^{\alpha} \text{ 로그근사화} \rightarrow \frac{\dot{y}}{y} = \frac{\dot{z}}{z} + \alpha \cdot \frac{\dot{k}}{k} \right]$

$\frac{\dot{Y}}{Y} = \frac{\dot{z}}{z} + \alpha \cdot \frac{\dot{k}}{k} + n$ $\left[\frac{\dot{k}}{k} = \frac{sy}{k} - (n+\delta) \right]$

= 0 (외생적)

실제 데이터 → sy 곡선기준 원점에서 뻗는
직선의 기울기

$= \frac{\dot{z}}{z} + \alpha \left[\frac{sy}{k} - (n+\delta) \right] + n$

▶ 장기 균형의 변화

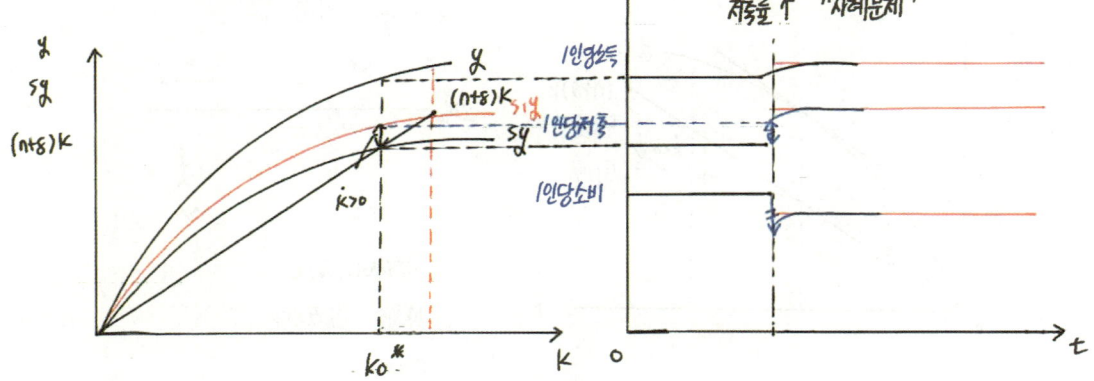

※ ⟨장기기준⟩ 저축률 ↑ → 1인당 소득 수준 ↑ but $\frac{\dot{y}}{y}=0$ (불변) ⇒ 수준효과 O, 성장효과 X

▶ 황금률

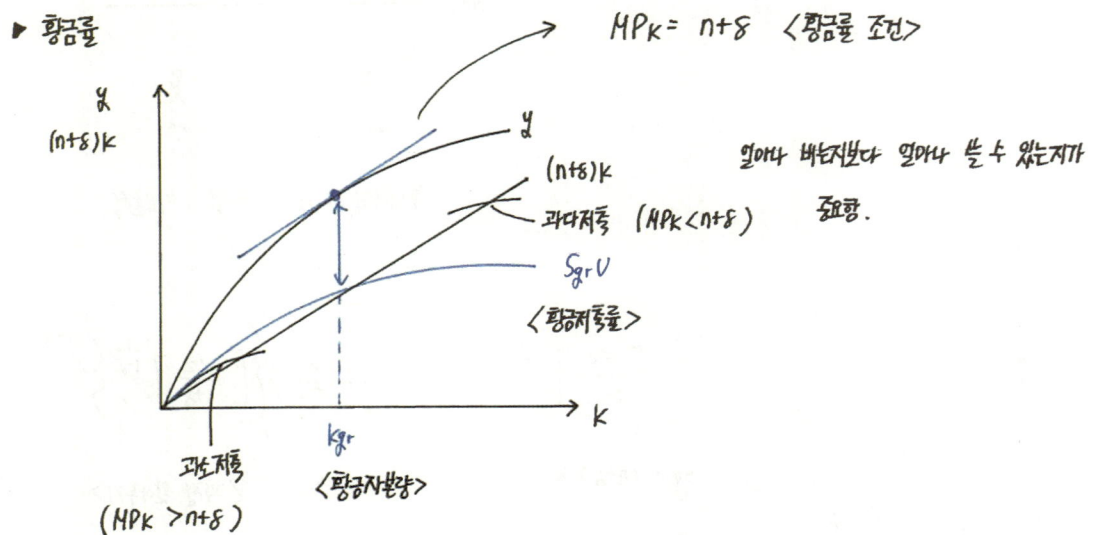

$MPK = n+δ$ ⟨황금률 조건⟩

얼마나 버느냐보다 얼마나 쓸 수 있는지가 중요.

▶ 동태적 효율성 논의

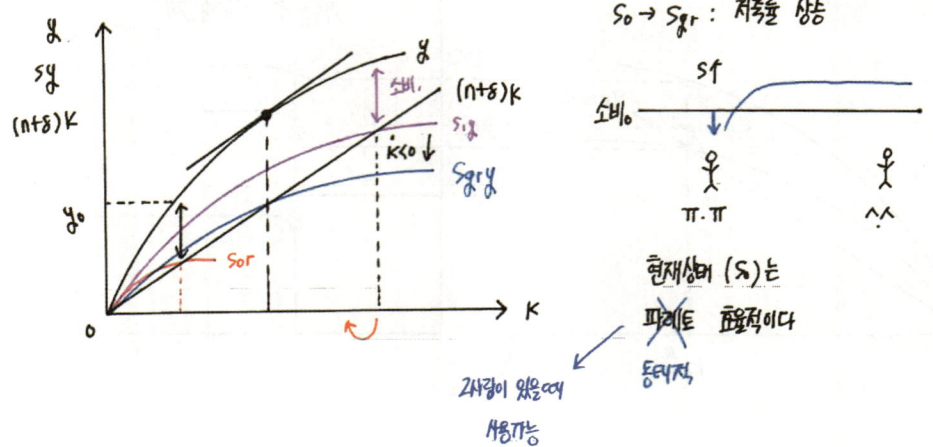

$S_0 \to S_{gr}$: 저축률 상승

현재상태 (S_0)는 파레토 효율적이다
       동태적

$S_1 \to S_{gr}$: 저축률 하락

현재상태 (S_1)는 파레토 비효율적
       동태적

$* \ y = z \cdot k^\alpha$

$MP_K = n+\delta$

$\alpha z \cdot \dfrac{1}{k^{1-\alpha}} = n+\delta$

$\dfrac{\alpha z}{n+\delta} = k^{1-\alpha}$

$k = \left[\dfrac{\alpha z}{n+\delta}\right]^{\frac{1}{1-\alpha}}$

$sy = (n+\delta)k$

$S = (n+\delta) \cdot \dfrac{k}{y}$

$= (n+\delta) \dfrac{k^{1-\alpha}}{z}$

$\left(\dfrac{n+\delta}{z}\right)\left\{\left[\dfrac{\alpha z}{n+\delta}\right]^{\frac{1}{1-\alpha}}\right\}^{1-\alpha}$

$= \alpha$ 〈과정 알아두기〉

· 한계

<가정>
1. MPk 체감
2. 기술수준은 외생성
3. 절대적 수렴가설

<극복이론>
MPk 체감 × (AK 모형)
MPk 체감 인정, 기술수준은 내생성 (R&D 모형)
조건부 수렴 가설
(기초변수가 유사한 국가들끼리만)

08 내생적 성장이론

▶ AK 모형

$Y = AK$

$y = Ak$

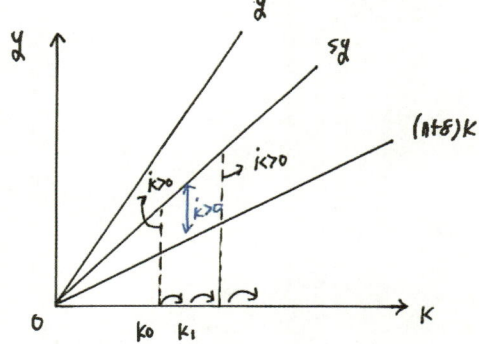

▶ R&D 모형

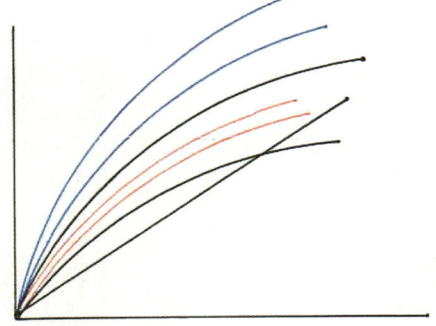

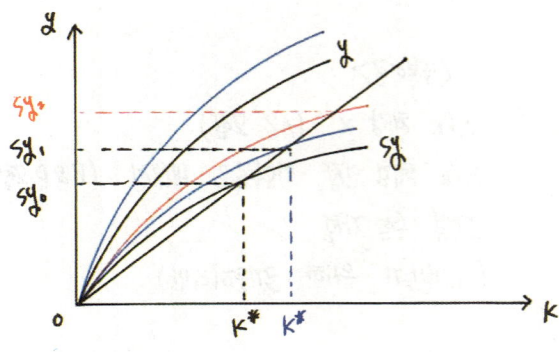

계속해서 상방이동 (내생성을 가진다)
↑
생산함수는

도착점 (균제상태) 기준 $\dfrac{\dot{k}}{k} = \dfrac{sy}{sy}$ $\left(= \dfrac{\dot{y}}{y} \right)$

s는 상수

Chapter 8 국제무역이론

01 국제거래의 종류와 국제경제학의 이해

▶ 수출·수입재를 결정하는 기본 논리

기업이 결정 → 우리나라에서는 비쌈
(외국에서 비싸게 팔림)
↓
우리나라에서는 공급이 적어져서
더 비싸게 구입해야 할 수도 있음.

〈비싸다〉
① 기술수준 ↓
② 수요 ↑

▶ 교역조건

X재, Y재 $\dfrac{P_X}{P_Y}$

X 수출국: $\dfrac{P_X}{P_Y} = \dfrac{2000}{1000}$ → TOT (X를 판 돈으로 Y 구매) → 교역 조건은 상대적

$\dfrac{P_X}{P_Y}$ 가 올라가면 상대적 후생은 감소

Y 수출국: $\dfrac{P_Y}{P_X}$

A국   B국

(X는 Y재의 0.5개) $\dfrac{P_X^A}{P_X^B} = \dfrac{1}{2}$ → $\dfrac{1000}{2000}$ 　　$\dfrac{P_X^B}{P_Y^B} = \dfrac{2000}{1000} = 2$ (X는 Y재 2개)

↳ X재가 더 비싼 국가
　Y재는 A가 더 비쌈.

※ 무역시작 → 세계상대가격은 일치하게 됨.

　　　　　　A (X수출) Y수입　　　B (X수입) Y수출

$$\frac{P_X}{P_Y} = \frac{1}{3} \quad \frac{P_X^A}{P_Y^A} \underset{\underset{1/2}{\parallel}}{\overset{1.5}{<}} \frac{P_X^i}{P_Y^i} \underset{\underset{2}{\parallel}}{<} \frac{P_X^B}{P_Y^B} \quad \begin{matrix} 1 \\ 0.5 \end{matrix} \text{ or } \begin{matrix} 6 \\ 3 \end{matrix}$$

비율을 비교해서 비싼거를 수출
(낮은쪽이 더 큼)

① $\left(\frac{P_X}{P_Y}\right)^i$ 기준 양국 모두 이익이 발생할 조건　　$\left(\frac{P_X}{P_Y}\right)_A < \left(\frac{P_X}{P_Y}\right)_i < \left(\frac{P_X}{P_Y}\right)_B$

② $\left(\frac{P_X}{P_Y}\right)^i$ 기준 무역이 발생할 조건　　$\left(\frac{P_X}{P_Y}\right)_A \leq \left(\frac{P_X}{P_Y}\right)_i \leq \left(\frac{P_X}{P_Y}\right)_B$
　　(다른 국가X)　　　　　　　　　　　　　　　　등식이 포함됨.

<A국기준>　수송비 : t 발생 - 수출국·수입국 반씩 부담

$$\frac{P_X^A}{P_Y^A} \; \begin{matrix}1000\\1000\end{matrix} < \frac{P_X^i}{P_Y^i} \; \begin{matrix}2000 - t/2\\1000 + t/2\end{matrix} \qquad \text{X 수출국}$$

※ 관세인 경우도 유사함.

ex) 우리나라 신발 수출 → 신발가격 비싸짐 (세계시장에서)
　　　　　　　　　　→ 노동자들 임금 ↑ (?)

02 생산을 하는 경제에서 오퍼커브의 도출

03 리카도 무역이론

▶ 기본 가정 및 상황의 설정

- 1생산요소 (노동) → ex) $Q = 100L$ (1차 동차함수)
  - → 한계생산성도 상수
    - → 직선으로 나타남.

- 동질적 → X재, Y재 가격이 같음.

"일주일" 기간고정

	본국	외국
X	6	4
Y	12	2

<MPL>

	본국	외국
X	1/6	1/4
Y	1/12	1/2

X재를 1개 생산하기 위해 포기해야 하는 Y재의 개수 → 본국은 0.5개, 외국은 2개

Y재를 " "

X재 " → 본국 2개, 외국은 0.5개

<단위노동필요량>
: 주어진 시간 내에 제품 1개 생산을 위해 필요한 노동량

절대우위
: 절대적인 기술력의 우위

	X	Y
절대우위	외국	외국
비교우위	본국	외국

▶ 세계생산가능곡선 및 상대가격의 도출
    ↓
   직선

PPC는 노동량 정보 없이도 도출 가능

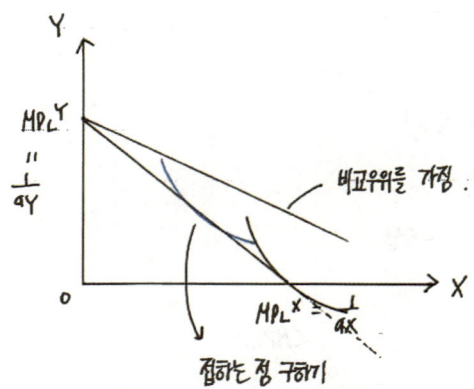

⟨노동량 상관없이 PPC 기울기 구하기⟩

가정) $MPL^X = 10$, $MPL^Y = 20$

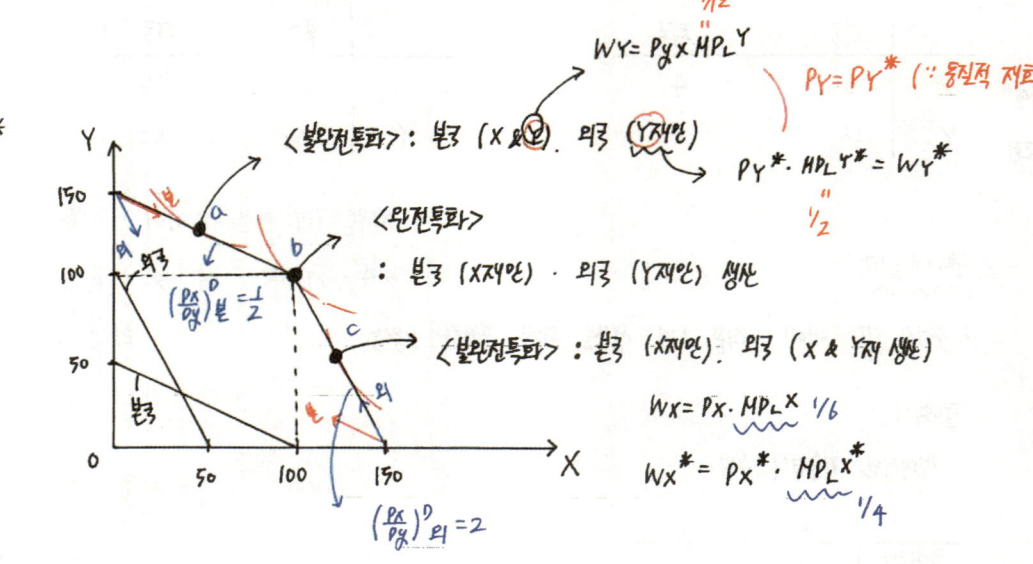

$W_Y = P_Y \times MPL^Y$ $^{1/12}$

$P_Y = P_Y^*$ (∵ 동질적 재화)

$P_Y^* \cdot MPL^{Y*} = W_Y^*$ $_{1/2}$

⟨불완전특화⟩: 본국 (X와 Y), 외국 (Y재만)

⟨완전특화⟩
: 본국 (X재만), 외국 (Y재만) 생산

⟨불완전특화⟩: 본국 (X재만), 외국 (X & Y재 생산)

$W_X = P_X \cdot MPL^X$ $_{1/6}$
$W_X^* = P_X^* \cdot MPL^{X*}$ $_{1/4}$

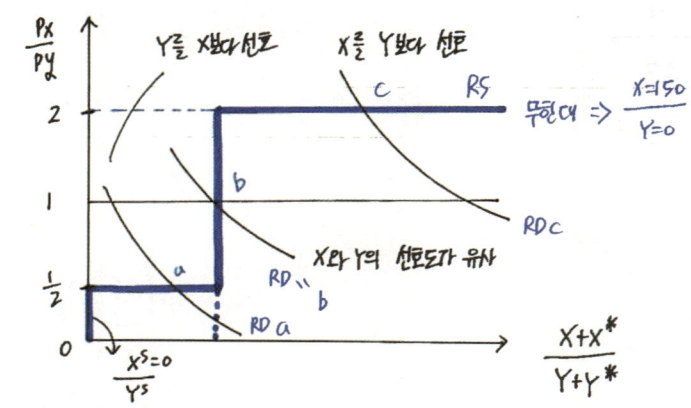

⟨상대임금⟩

(a점 기준) 재화는 동질적

⟨완전특화⟩ $\dfrac{W}{W^*} = \dfrac{P_X \cdot MP_L^X}{P_Y^* \cdot MP_L^{Y*}}$ $\dfrac{1}{6}$ $\dfrac{1}{2}$

▶ 대국과 소국의 무역거래 시 무역의 이익

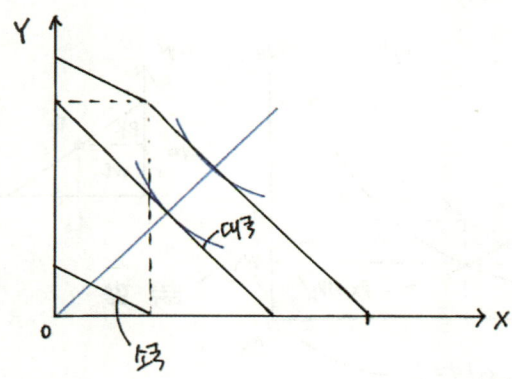

리카도) 다 무역에 참여시키자!

04 특정요소 모형 (특정=자본)

- 자본 ↑ → 자본집약재 생산 / 노동 ↑ → 노동집약재 생산
    → 상대적으로 저렴함
    → 자본집약재가 희귀한
        국가에 수출

- 노동 이동 가능, 자본 이동 불가능 (단기 가정)

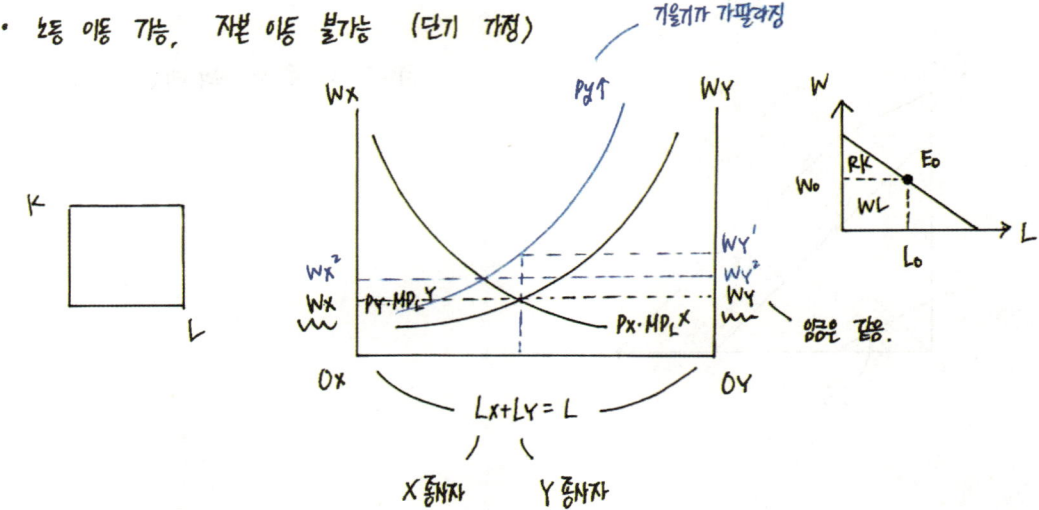

FTA 비준 $P_{수출재}=1100$ ─── ↕ 관세:200 $P_{수입재}=1200$ ⟶ 수출재는 가격 상승, 수입재는 가격 하락
        $P_{수출재}=1000$ ─── $P_{수입재}=1100$

↓

관세철폐 : $P_{수출재}$ ↑, $P_{수입재}$ ↓

〈분석상 편의〉 $\overline{P_X}$, P_Y ↑
                수입재   수출재

변화율
* $\hat{R_X} < \hat{P_X} < \hat{w} < \hat{P_Y} < \hat{R_Y}$ ← $\frac{KY}{LY}$ ↑ 불변
            ‖
           $R_Y = P_Y \cdot MP_K^Y$

→ FTA가 비준되면
   한국 농부들의 자본의 생산성 하락
   (모든 소득계층 이익을 보지 못함)

▶ 가변요소가 증가? (L↑)

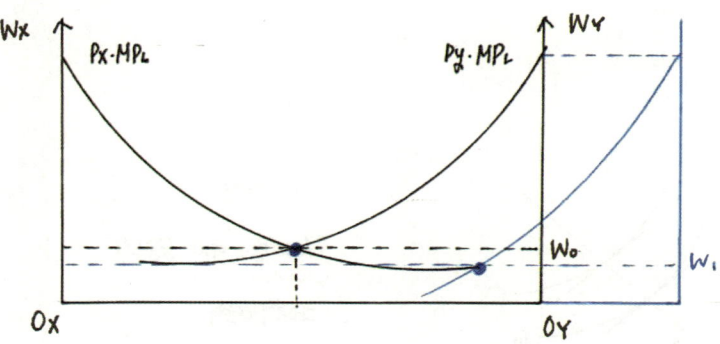

▶ 특정요소가 증가?

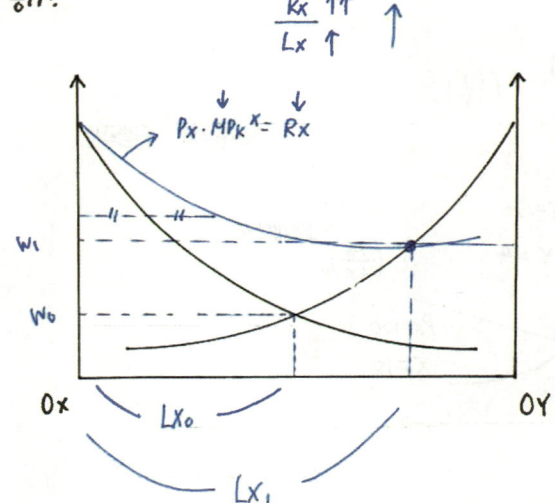

$q = Z \cdot L^\alpha$

$MP_L = \alpha \cdot Z \left(\dfrac{K}{L}\right)^{1-\alpha}$

$P \cdot MP_L = P \cdot \alpha \cdot Z \left(\dfrac{K}{L}\right)^{1-\alpha}$ 2배

05 헥셔-올린 모형

★ 단위가치등량곡선

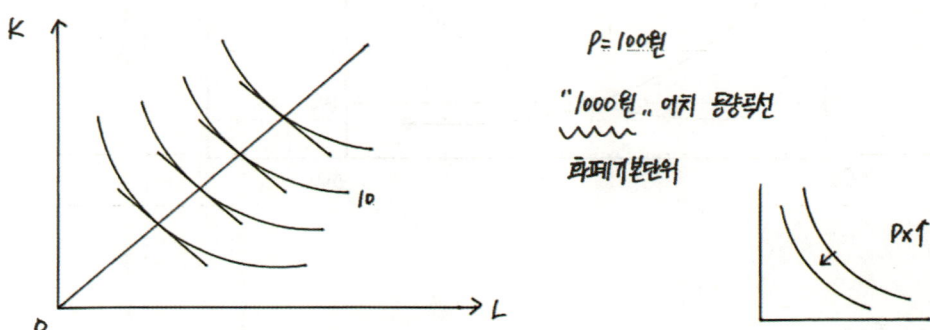

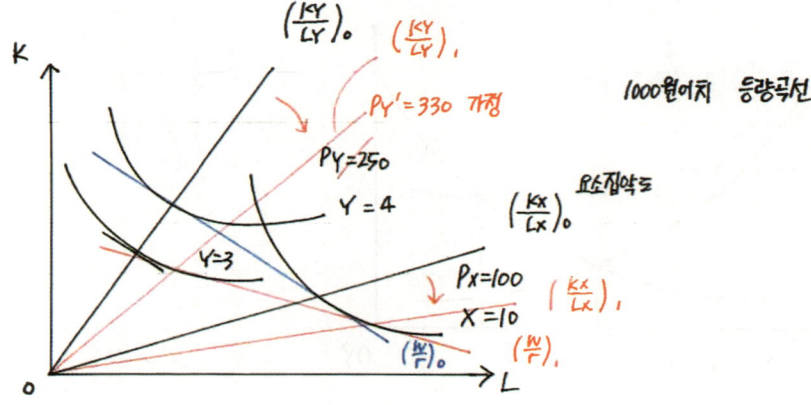

$TC = WL + RK$

<요소부존도> : K가 차원

<요소집약도> :

요소집약도 ↓ ⇒ MPL ↓

$MP_L^X ↓ \times \overline{P_X} = W_X ↓$

$MP_K^X ↑ \times \overline{P_X} = R_X ↑$

▶ 립진스키 정리 (한 국가 내에서)

$$P_X = P_X^*$$
$$P_Y = P_Y^*$$

$$\left(\frac{w}{r}\right) = \left(\frac{w}{r}\right)^*$$

Y 자본집약재 수출 →
← X 노동집약재 수출

<본국>   <외국>

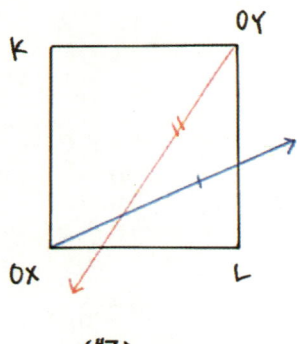

X 생산량↑ Y 생산량↓

"$\frac{P_X}{P_Y}$ 불변", 임을 가정 → 노동↑ → 노동집약재 절대적/상대적 ↑
                                        자본   "   ↓

▶ 요소가격 균등화 정리

$$W_X = P_X \cdot MP_L^X = P_Y \cdot MP_L^Y = W_Y \quad \left(\frac{K_X}{L_X}\right)$$

$$W_X^* = P_X^* \cdot MP_L^{X*} = P_Y^* \cdot MP_L^{Y*} = W_Y^* \quad \left(\frac{K_X^*}{L_X^*}\right)$$

* 헥셔올린 모형에서 양국이 자유무역을 하면 양국의 명목임금이 같음.

▶ 레온티에프 역설
  헥서-올린 모형 성립 가정
  Q. 미국은 자본이 풍부한데 자본집약재 수입

07 아웃소싱 모형

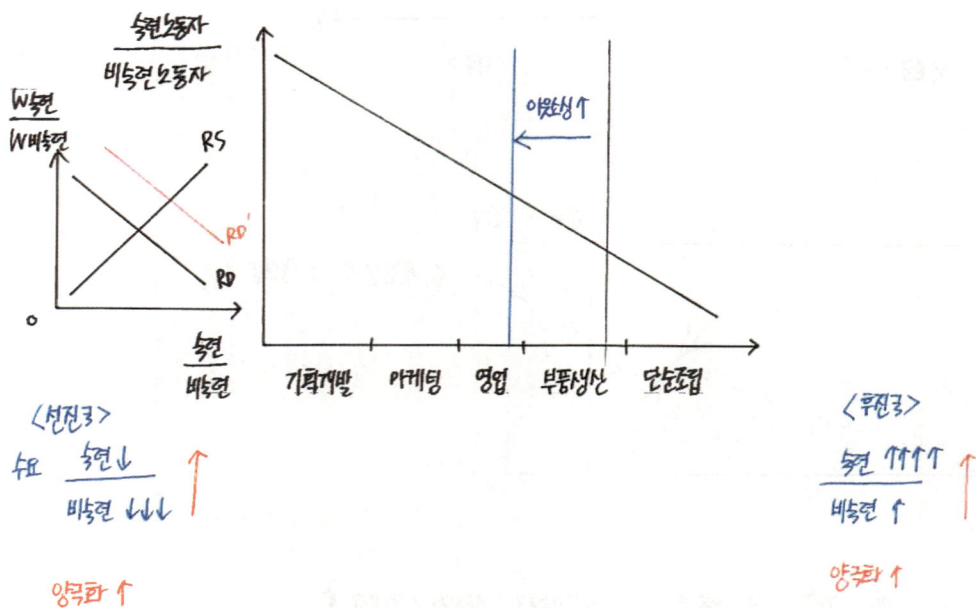

〈선진국〉
수요 $\frac{숙련 \downarrow}{비숙련 \downarrow\downarrow\downarrow}$ ↑

양극화 ↑

〈후진국〉
$\frac{숙련 \uparrow\uparrow\uparrow\uparrow}{비숙련 \uparrow}$ ↑

양극화 ↑

08 산업내 무역이론 (∵ 소비자 선호 다양, 선진국 집중)

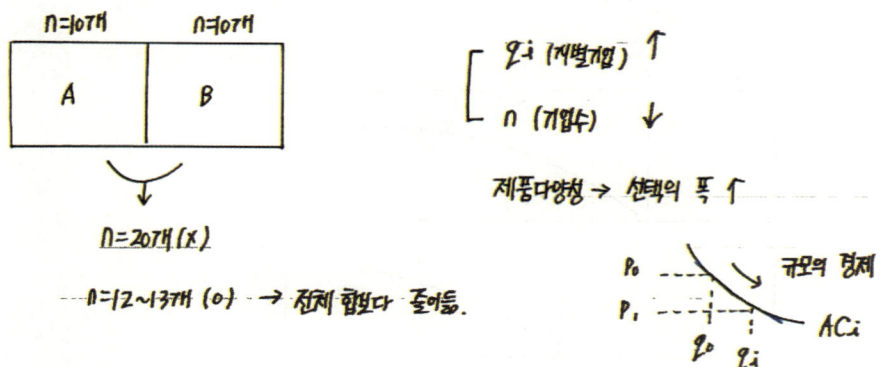

▶ 린더의 유사선호설

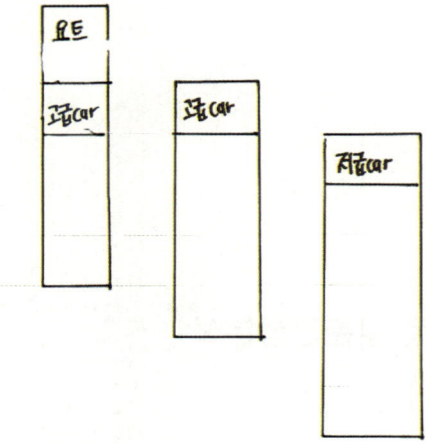

▶ 제품수명주기이론

선진국) 라디오 만들자! → 후진국) 우리도 만들자!

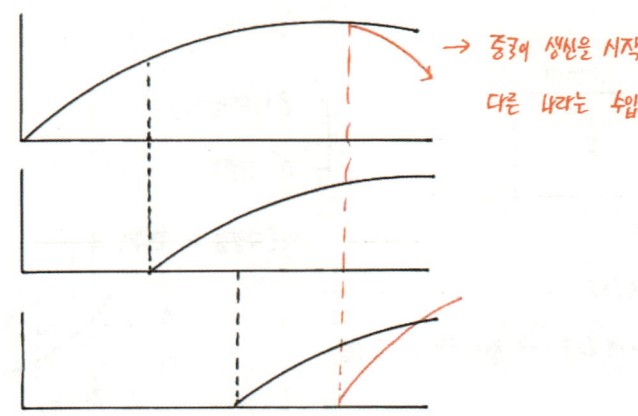

→ 중국이 생산을 시작하면
다른 나라는 수입해야 함.

▶ 중력모형   <GDP>

$$T_{ij} = A_{ij} \frac{Y_i \times Y_j}{D_{ij}}$$

A_{ij} ↓ FTA
현보적인 상황.
법, 제도,
생활패턴

D_{ij}: 거리, 운송비

09 순수독점 산업에서 무역개방과 관련된 부분균형분석

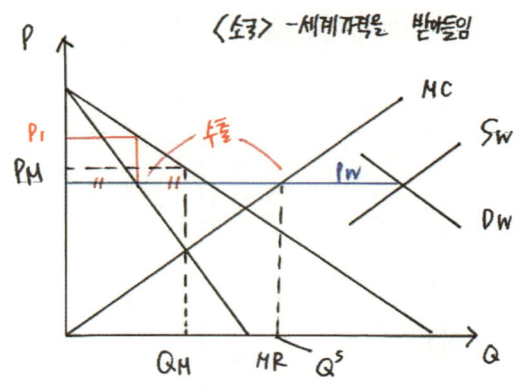

<수출> - 세계가격을 받아들임

수출 허용 but 수입 허용 X
↓
P_W로 국내에 제품 공급 X

국내에 팔려면 P_W를 포기해야 함.
→ 소비자 ↑↑
국가후생은 올라감.

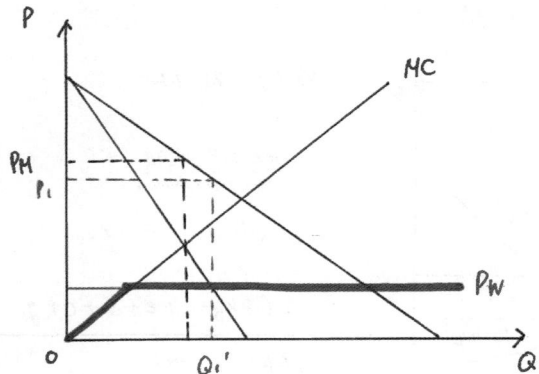

10 국가간 생산요소의 이동

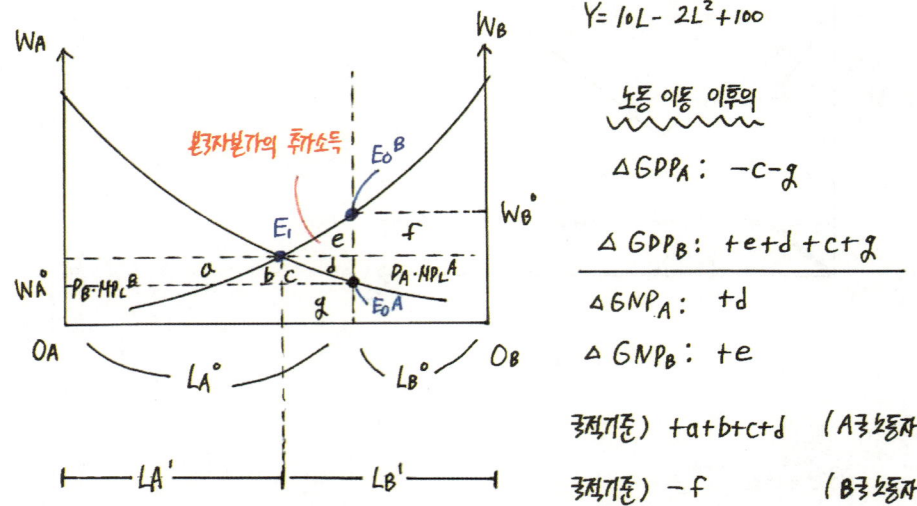

$Y = 10L - 2L^2 + 100$

노동 이동 이후의

$\Delta GDP_A : -c-g$

$\Delta GDP_B : +e+d+c+g$

$\Delta GNP_A : +d$

$\Delta GNP_B : +e$

후생기준) $+a+b+c+d$ (A국노동자)

후생기준) $-f$ (B국노동자)

※ 노동은 국가간 이동이 불가하고 자본의 이동만 가능하더라도

세로축 r, 가로축 K로 설정하기. → 위 △이 노동자 몫, 아래가 자본가

11 직접투자와 간접투자

〈직접투자〉 해외에 나가서 공장 짓기 → 인건비 절감
〈간접투자〉 해외 펀드 / 채권 / 주식 매입 → 개도국들 입장에서 별로.

"핫머니,,에 의한 공격: 투자를 넣었다가 재빨리 철회 → 후진국에 부담↑

12 관세 *

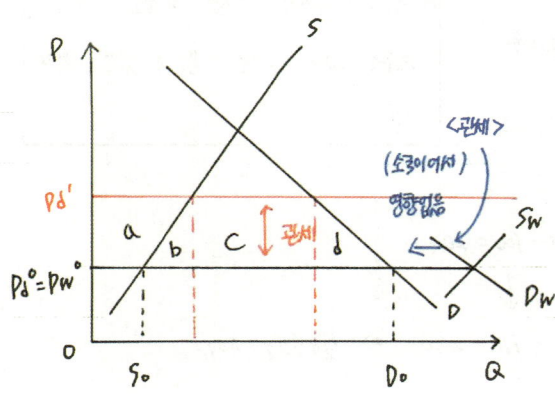

$\Delta CS: -a-b-c-d$
$\Delta PS: +a$
Δ 관세수입: $+c$
$\Delta SW: -b-d$
    ↙   ↘
생산왜곡   소비왜곡

최적관세 ($Max SW$)는 0이다.

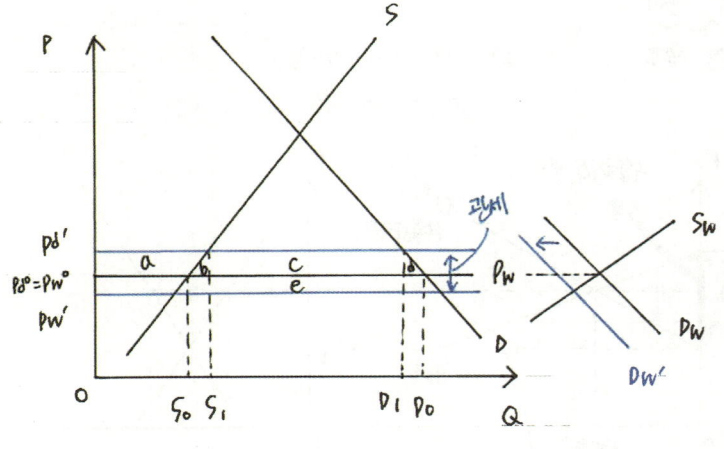

$\Delta CS: -a-b-c-d$
$\Delta PS: +a$
Δ 관세수입: $c+e$
$\Delta SW: -b-d+e$
  ↙ ↙   수입자의 수입가격을
생산왜곡 소비왜곡 하락시키면서 발생된 이득

$$\frac{P_{수출재}↑}{P_{수입재}↓} \quad (=TOT의\ 개선)$$

⟨메츨러의 역설⟩ 30원 관세를 매겼더니 세계가격이
50원 하락했고 떨어진 가격에
관세를 반영해도 Pd가 떨어지는 현상

chapter 8 국제무역이론 | 105

▶ 실효관세

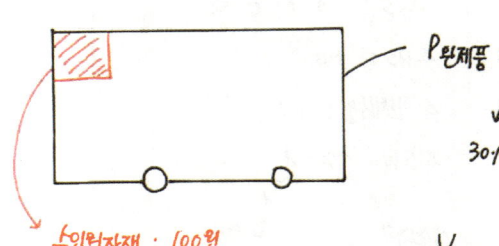

※ 관세에 의해서 보호받는 비율은 기업이 제품을 하나 팔떄 받을 수 있는 가격의 상승률

$P_{원제품} = 300원$
↓
30%.

수입원자재 : 100원
↓
2 = 10%.

$V_0 = 300 - 100 = 200$
부가가치 ↓ ↓
$V_1 = 330 - 110 = 220$ ⇒ 실효보호율 40%.

▶ 최적관세와 최대관세, 수입금지적 관세

사회후생 극대화   무역량을 0으로 $XS = (P_B + 10) - (90 - P_B)$
$= -80 + 2P_B$

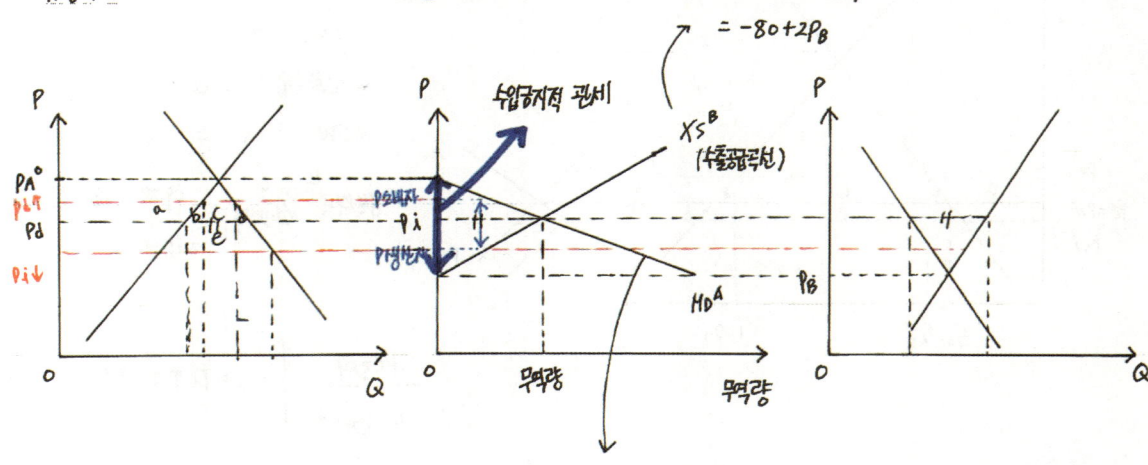

$MD = (120 - P_A) - (P_A - 40)$
$= 160 - 2P_A$

① 양 국가의 가격부터 구해주기

$\underset{t}{Max}\ \Delta SW = b - d + e$

foc: $\dfrac{d\Delta SW}{dt} = 0$ 〈최적관세〉

$\underset{t}{Max}\ \Delta R_{정부} = c + e$

foc: $\dfrac{dR_{정부}}{dt} = 0$

13 비관세 수입장벽

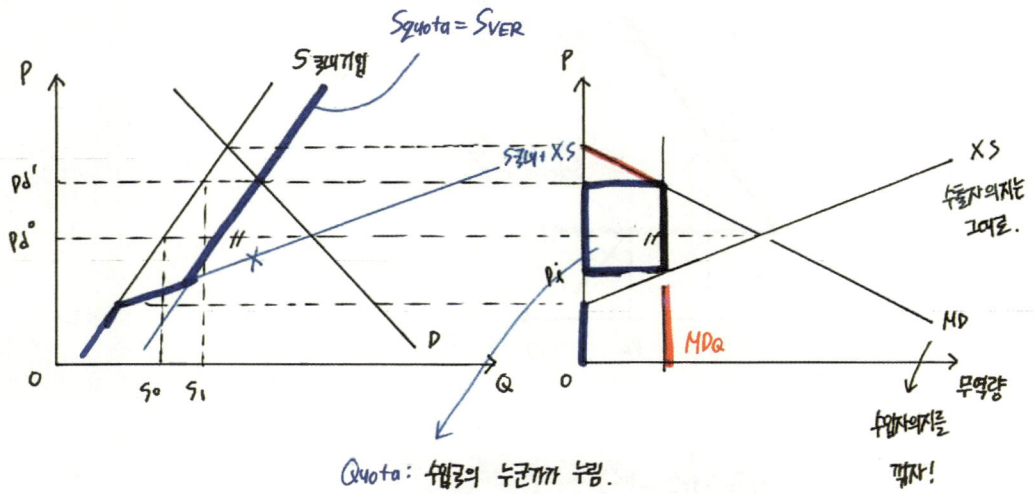

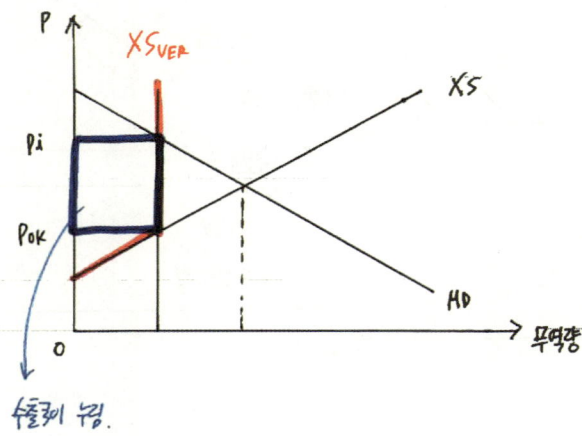

ex) 미국 - 일본 (수출자율규제)

선진국이 주로 요구함.

▶ 소규모 개방경제

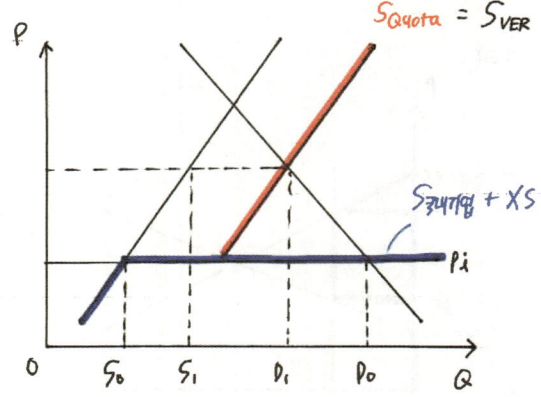

14 비관세 수출촉진수단

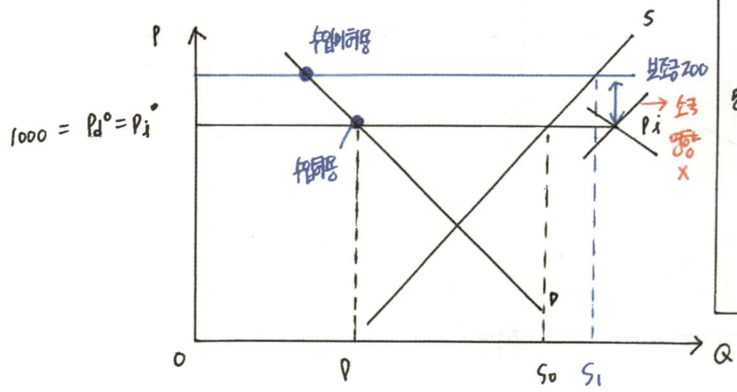

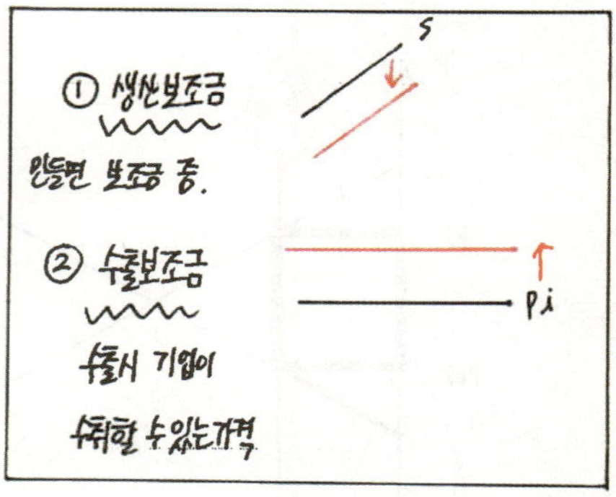

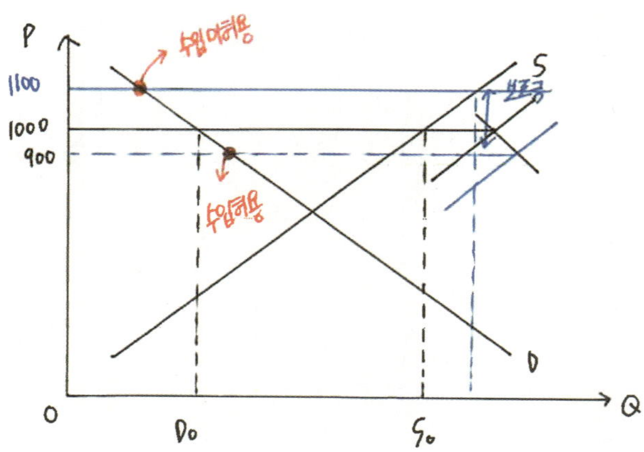

15 기타 비관세 수단

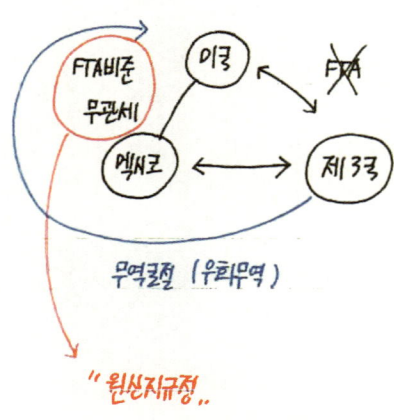

"원산지규정"
보통 : 50% (송장이 중요)
미국 : 60%

16 규모의 경제가 있을 경우 정부의 생산 개입 필요성

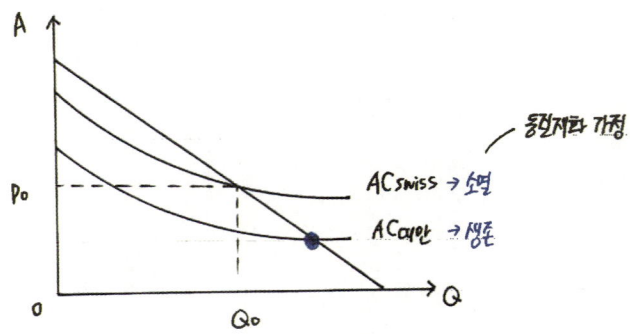

cf) 외부고서 가중

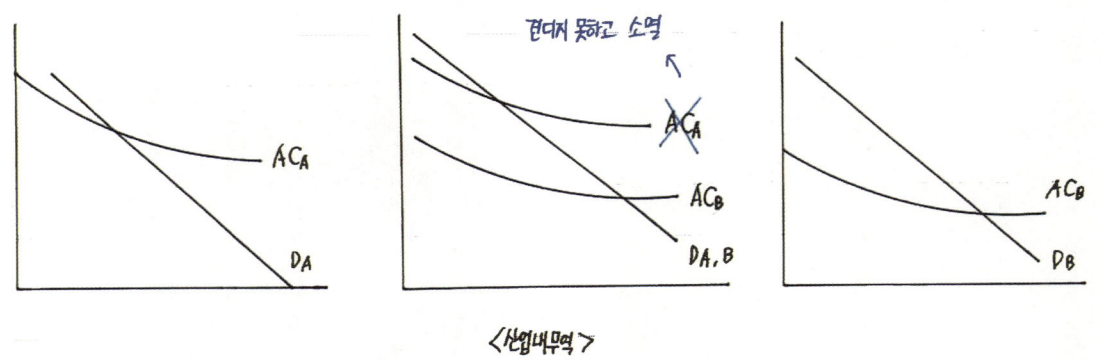

〈산업내무역〉

17 전략적 무역정책 및 무역협상

〈선행자의 이익〉 → 내쉬균형 2개

〈전략적 무역정책〉 → 수단에 상관없이 정부가 개입

18 경제성장과 실질소득의 감소

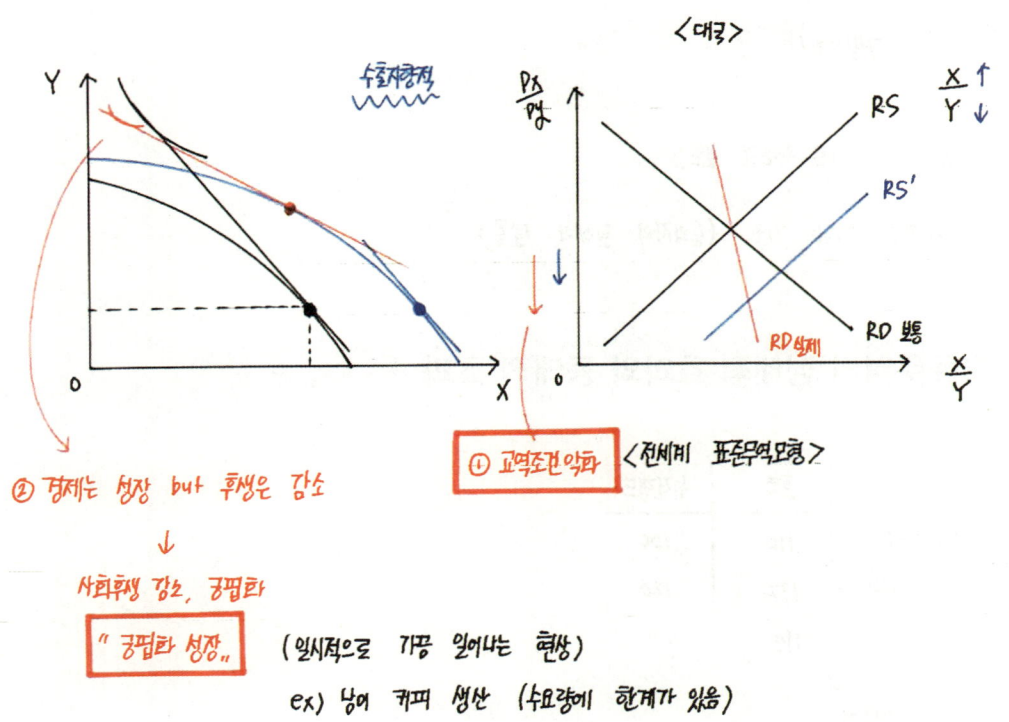

19 수입대체전략과 수출진흥전략

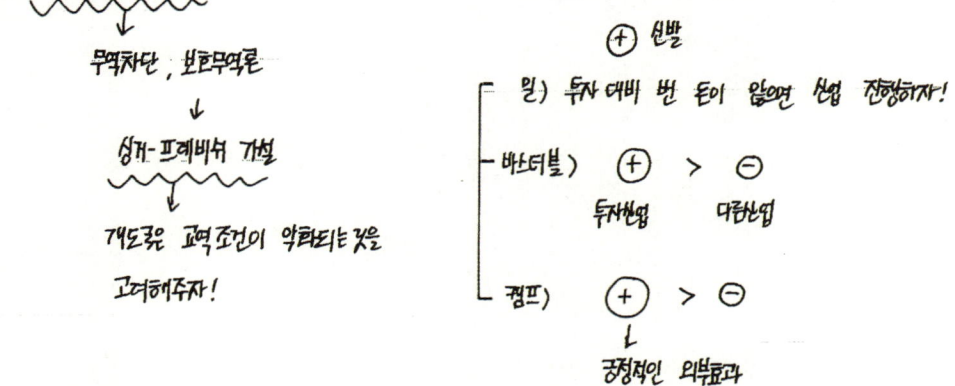

20 국제무역의 자유화

(최혜국 대우   구별하기!
   상호주의

❋ 우루과이라운드 - "지적 재산권 보호"

WTO - 강제력을 가지는 기구 (용의자의 딜레마 탈출)

21 자유무역의 정태적 효과와 동태적 효과

	호주	뉴질랜드
(HC) 원가	110	100
20% 관세	132	120
FTA 비준	110	100

↓ "무역전환"   ↓ "무역창출"

Chapter 9 국제금융이론

01 외환시장과 환율, 선물환 거래의 동기

∗ $E^{W/\$}$ → ⌐1\$¬ 의 가격 (상품)
  직접표시법

  $^{\$/W}$
  간접표시법

∗ $\dfrac{E \text{ (명목변수)}}{P/P^f \text{ (물가)}}$ = e (실질변수) → $e = \dfrac{E p^f}{P}$

  "상대"

∗ "선물" : 한달 뒤 지금 가격으로 구매

  선물계약은 무조건 이행해야함. (제로섬 게임 - 누구는 팔고 누구는 사게 됨)

∗ 투기거래 = 유위험차익거래

02 외환시장

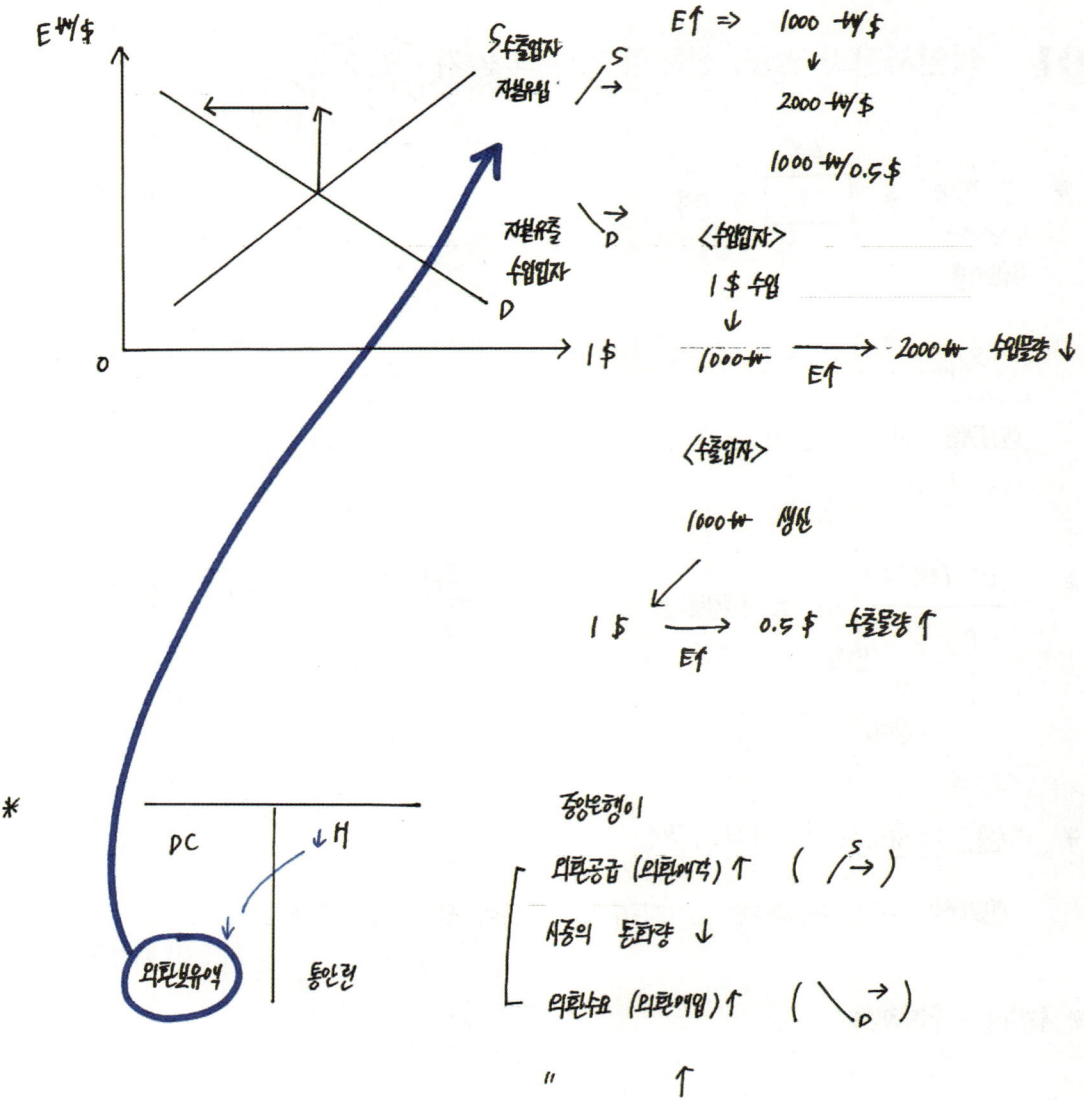

03. 구매력 평가설과 이자율 평가설

"일물일가의 법칙" - 하나의 물건은 하나의 가격을 가진다. → 많이 연답.
(appp)   α) 운송비
▶ 절대적 구매력 평가설
ex) 빅맥 지수

$$P = E \cdot P^f$$

물가   ₩/$ 해외물가
(₩)   ($)

(rppp)
▶ 상대적 구매력 평가설

$$P = \alpha \cdot EP^f$$
     상수

↓

$$d\ln P = d\ln\alpha + d\ln E + d\ln P^f$$

$$\frac{\dot{P}}{P} = \frac{\dot{\alpha}}{\alpha} + \frac{\dot{E}}{E} + \frac{\dot{P^f}}{P^f}$$
         ‖
         0

$$\frac{\dot{E}}{E} = \frac{\dot{P}}{P} - \frac{\dot{P^f}}{P^f} = \pi - \pi^f$$

※ 우리나라 경제 성장 동안 환율이 똑같이 벌어 오르지는 않음. (개발도상국 명시)
   (물가는 빨리 오르고)   ↓
                                               선진국 때는 대체로 동일

▶ 이자율 평가설

한국에 있는 투자자 〈1000원〉

1) 한국에 투자   (미국에 투자 → $1000 \times (1+r^f)$)

    $1000원 \times (1+r_{6개월})$

$$ ₩ \times ₩/\$ $$
$$ ₩ \times \frac{1}{E\,₩/\$} $$

선물을 통해 리스크 줄이기

2) 미국에 투자 (한국에 투자) → $1\$ \times \frac{1}{E} \times (1+r)$ ($F_{6개월}$)

    $1000원 \times \frac{1}{E} \times (1+r^f) \times E^e$
      (환전)   6개월 (환전) (기대환율)

3) 경쟁
    ∨ : 한국에 투자
    ∧ : 미국에 투자   ⟶ "유위험 이자율 평가설"
                                             (무위험)

※ 모든 시장에서 외환의 공급이 많아지면 가격은 떨어짐 → 외환 하락

※   단기적으로 > or < 가능
     $1+r = \frac{E^e}{E}(1+r^f)$
        ↳ 장기 (빨리)

※ 이자율 평가설 (단기에 적합)   구매력 평가설 (장기에 적합)
     ∿∿∿
     자율적인 자본거래 활성화

※ $1+r = \dfrac{E^e}{E}(1+r^f)$

$1+r = \dfrac{E^e - E + E}{E} \times r^f + \dfrac{E^e}{E}$

$\downarrow$

$\dfrac{E^e - E}{E} \times r^f + r^f$
$\underbrace{\qquad\qquad}_{≒ \ 0}$

$1+r = r^f + \dfrac{E^e}{E}$

현재의 투자자가 바라본 (예상하는) 국내수익률
$\Downarrow$

$r = r^f + \dfrac{E^e - E}{E}$ ··· $UIRP$

$r = r^f + \dfrac{F - E}{E}$ ··· $CIRP$

★ 암기하기 ★

※ $r(수익률) \langle R, R^f \rangle$

국내투자자 기준 국내수익률 $R = \dfrac{국내자}{r}$

 〃   해외 R^f

$= r^f + \dfrac{E^e - E}{E}$

$Y = 10 + \dfrac{1}{x} - 1$

R $r^f\uparrow, E^e\uparrow$

R^f

$E_0 \quad E^* \quad E_1$ (명목환율)

환율기대치가 틀렸을 때 실제로 오르면
'자기실현적 기대'

chapter 9 국제금융이론 | 117

04 통화론자의 환율결정론과 포트폴리오-밸런스 모형

- 신축적 경제, 적응적 기대 가정

▶ 신축가격 통화론자

⇓ 화폐시장
절대적
구매력 $\frac{M^s}{P} = L(\overset{\oplus}{Y}, \overset{\ominus}{r})$, $\frac{M^{sf}}{P^f} = L^f(\overset{\oplus}{Y^f}, \overset{\ominus}{r^f})$
평가설

↳ $P = E \cdot P^f$

$10\%\uparrow$ Ⓔ $= \frac{P}{P^f} = \frac{M^s}{M^{sf}} \cdot \frac{L^f(Y^f, r^f)}{L(Y, r)}$ $10\%\uparrow$ ⇒ 환율변화 설명에 용이

$E^e \uparrow$

▶ 경직가격 통화론자 (오버슈팅모형)
〈합리적〉 ≒ 회귀적 예상   환율이 상승하는 충격 발생 → 지나갔다가 장기에 도달할 환율로 돌아감.
(용어만 다름)

〈자본 유출 발생〉 → 외환의 초과수요 → 환율 ↑

대비 자본유입 발생 → 외환의 초과공급 → 환율 ↓

05 환율제도와 국제통화제도의 변천

▶ 목표환율대제도
  ↳ 기준을 정해놓고 환율 결정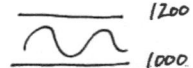

※ 변동환율제도에서는 무역 마찰이 일어날 확률이 낮음.

▶ 국제통화제도의 변천

○ 본위제도 : ○에 화폐 단위 고정

기축통화 ⎡ 많아야 함 ⎤ → 유동성 딜레마
        ⎣ 적어야 함 ⎦

06 국제수지표

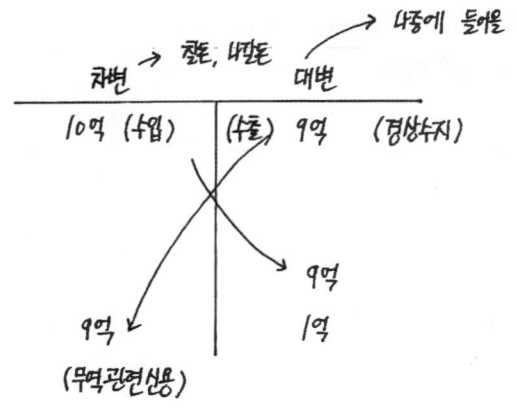

※ 통 수입을 왼쪽에, 수출을 오른쪽에

※ 일방적인 송금도 경상거래로 간주함.

▶ 국제수지 체계
- 특허권 자체를 팔아넘기면 금융거래
- 특허권을 쓰는 대가로 돈을 받으면 경상거래

07 국제수지방정식

사전적 (X)
$$Y = C + I + G + \underbrace{NX}_{X-IM}$$
사후적 (O)

$$\underbrace{Y - C - T}_{S_P (민간)} + \underbrace{T - G}_{S_g (정부)} - I = NX$$

※암기 $\boxed{NS\ (국민총저축) - I\ (국내투자) = NX\ (경상수지)}$ ⟹ "사후적 항등식"
〈벌고 쓰고 남은 돈〉   "국제수지 방정식"

"사전적" ∥ (⊖) ⌐NET
              NFI (Foreign Investment)
              (순 해외투자)
              $= -KA\ (\overset{\oplus}{r-r^f})$

100 ⟨ 60
       40 〈해외〉

※ 〈대부자금시장〉

$NX_0 + KA = 0$ (항상 0)

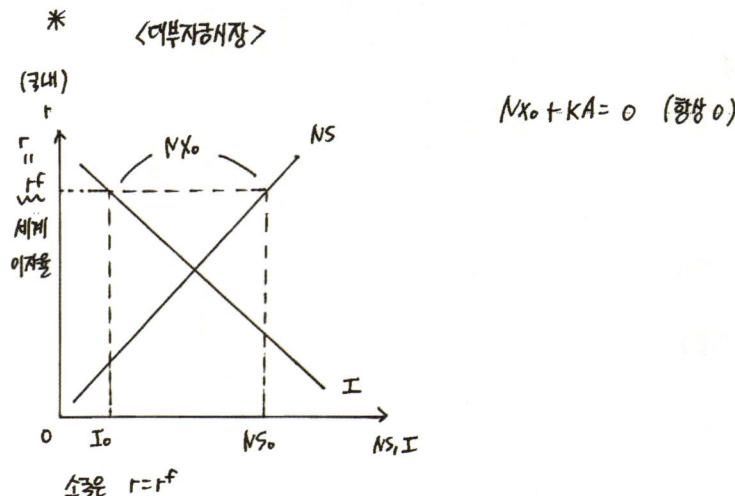

소국은 $r = r^f$

※ (필기 그래프: e(실질환율) 세로축, NS-I = NFI = (-KA) 수직선, NX 우상향 직선, 가로축 NS-I, NX (환율과 상관 X → 수직), NX_1, NX_0)

ex) $G\uparrow$ → $NS\downarrow$ (NS 곡선 좌측이동) → 경상수지 ↓

ex) 감세 정책 → C(소비)↑ → $NS\downarrow$ (NS 좌측이동)
(리카르도 대등정리) 변화없음!

08 환율과 순수출과의 관계

<마샬-러너 조건> - 자본적 자본거래 X
탄력성 접근방법

$BP = NX + KA$
국제수지 경상 자본

<펌>
1. $E\uparrow$ → $NX\uparrow$

$\uparrow NX = X - IM$
       수출 수입

$X - EX^f > 0$ ($/₩, ₩/$)

2공통재

$X > EX^f$ → $\dfrac{1}{E}\uparrow \times \dfrac{X\uparrow}{X^f\downarrow} > 1$
                  가격변화   수량변화

<마샬-러너의 조건> 수출수요탄력성 $\left(\dfrac{\frac{dX}{X}}{\frac{dE}{E}}\right)$ 과 수입수요탄력성 $\left(-\dfrac{\frac{dX^f}{X^f}}{\frac{dE}{E}}\right)$ 의 합이 1보다 크다.

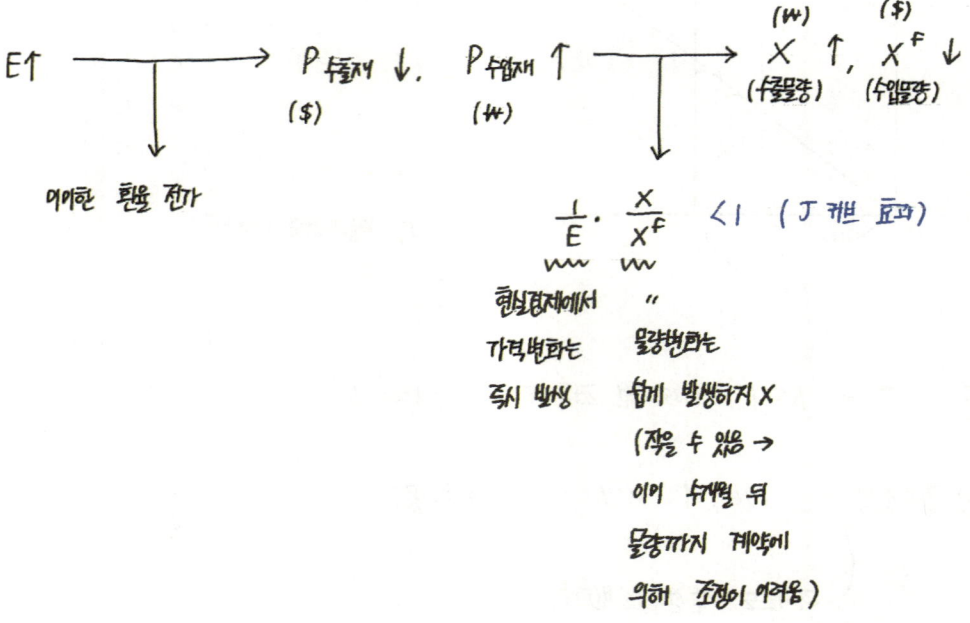

▶ 교란 효과

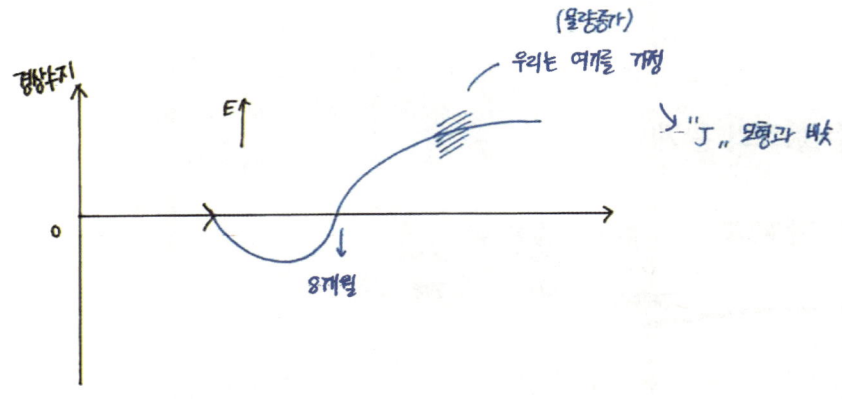

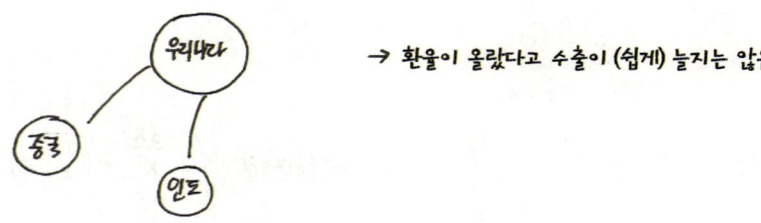

→ 환율이 올랐다고 수출이 (쉽게) 늘지는 않음

09 IS-LM-BP 모형

$$r = r^f + \frac{E^e - E}{E}$$

$$BP = NX\left(\overset{\oplus}{\frac{Ep^f}{P}}, \overset{\ominus}{Y}, \overset{\oplus}{Y^f}\right) + KA\,\overset{\uparrow}{(r - r^f)}$$

$\overset{\parallel}{0}$ ↓ 실질환율 해외소득 (항상 $E^e = E$)

완벽한 자본통제 — 자본의 이동성 상당히 제약적

$Y\uparrow$ 하면 수입(IM)$\uparrow$ → $NX\downarrow$

흑자: BP>0

환율↓(외환공급↑)

완벽한 자본이동성

자본의 이동성 상당히 자유로움.

※ 개방경제에는 IS 포함됨.

적자: BP<0

환율↑(외환수요↑)

▶ BP 곡선과 IS 곡선 이동 폭의 고찰

ⓐ 세계이자율 $r^f\uparrow$ → 올라간만큼 BP 곡선 ↑

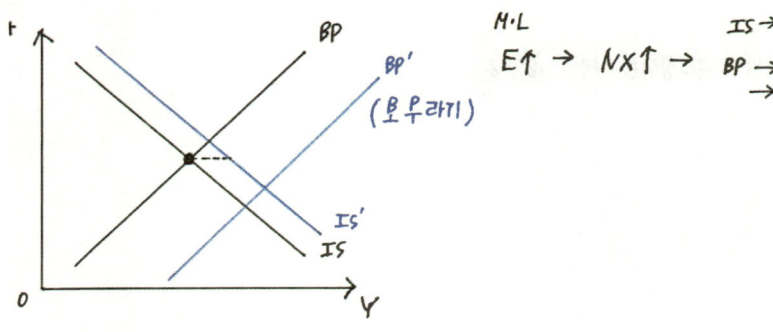

(보우라기)

M·L
$E\uparrow$ → $NX\uparrow$ → IS →
                          BP →

▶ 변동환율제도 시의 정책효과

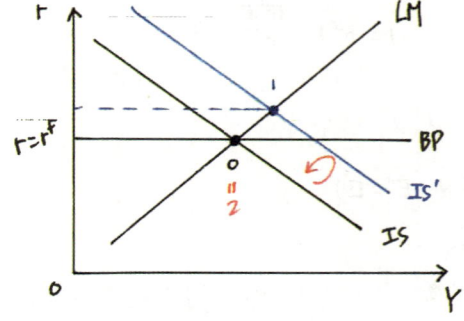

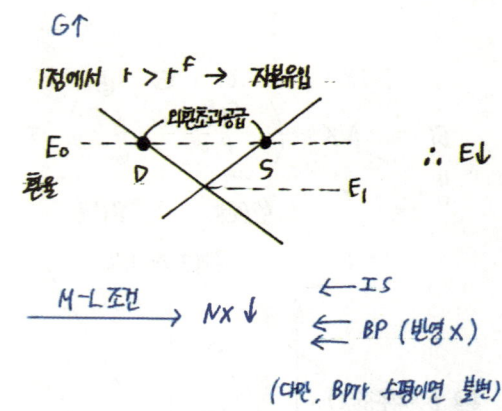

$G\uparrow$

1점에서 $r > r^f$ → 자본유입

환율 대한초과공급 ∴ $E\downarrow$
E_0 --- D --- S --- E_1

M-L조건 → $N_x\downarrow$ ← IS
⇐ BP (변영 X)

(다만, BP가 수평이면 불변)

〈TOT 개선〉 (∵ $E\downarrow$)

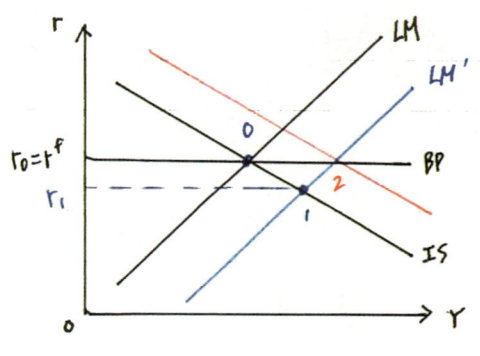

$M\uparrow$

1점에서 $r < r^f$ → 자본유출

E_1 -------
E_0 --- S --- D --- $E\uparrow$ (TOT 악화)

M-L조건 → $N_x\uparrow$ → IS →
BP ⇒ (불변)

∴ 변동환율제도의 통화정책은 매우 강력함.

▶ 고정환율제도 서의 정책 효과

① 고정환율제도에서의 재정정책

E 하락 압박이 발생 (수요곡선의 이동 필요)

<태화정책> (비중화정책) → 외환매입
                         or
                         매각

↳ 중앙은행은 외환을 매입함 → 이때 M^s ↑

외환수요 ↑ → LM 곡선의 우측이동

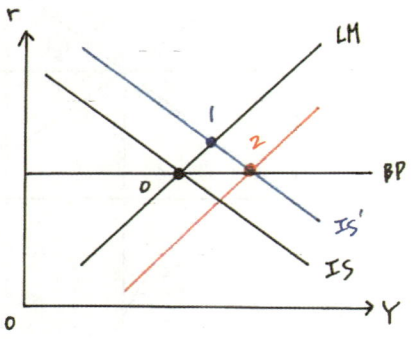

② 고정환율제도에서의 통화정책

외환유출 발생 → 외환초과수요 → 환율 상승 압박

<태화정책>
(비중화정책)
↳ 중앙은행은 외환매각 → M^s ↓ → LM 좌측이동

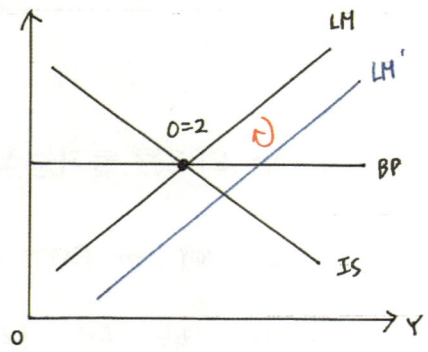

ex) 세계이자율 하락 → 자본의 유입 발생 → 외환의 초과공급 발생 → 환율 ↓ → 경상수지 악화
→ IS, BP 좌측이동 (BP 수평이어서 불변)

▶ 개방경제를 가정할 때의 AD 곡선

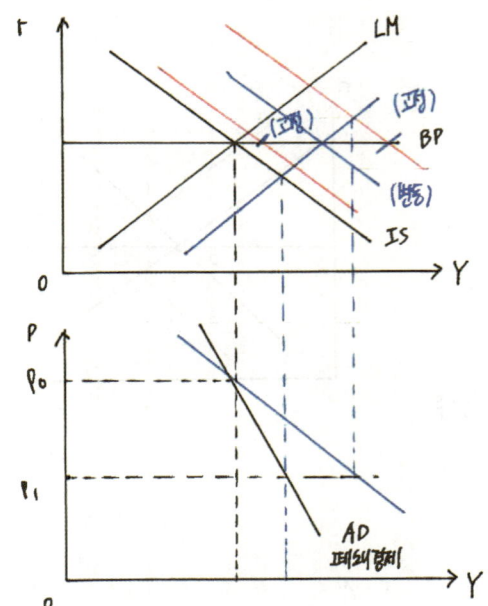

10 Krugman의 3원 불가능성 정리

ex) 중국은 재정정책 시행 but 통화정책 시행 X

고정환율제도, 자본의 이동성, 통화정책 (X)
↓
크루그먼의 3원 불가능성정리

12 환율정책과 재정정책
지출전환정책   지출조정정책

13 불태화정책

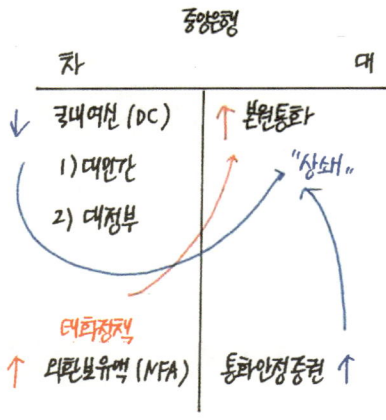

ex) 우리나라 외환위기 → 수입↓ (불황형 흑자)

14 외환보유고 누적에 따른 효과

15 쌍둥이 적자

재정적자 & 경상수지적자

감세↓ → 가처분소득↑ → 소비↑ → 수입↑
정부지출↑ → 소비↑

16 최적통화지역이론

ⓔⓧ 그리스발 유럽재정위기
제조업이 강한 나라는 아냐, 그리스는 거의 부도직전 (통화정책 시행 못함) → 다른 국가에 영향
↓
∴ 자체 화폐를 가지지 못함 (통화정책 상실)

밝힌 국가끼리는 고정환율제도 or 단일화폐정책 okay

상황이 비슷해져서 잃을게 별로 없음.

↓
ex) 브렉시트

17 펠트스타인-호리오카 논의

18 자본 자유화에 따른 효과

자본유입을 겪음.

환율↓ → 수입원자재 가격↓, 교역조건 개선

but
환투기 위험이 존재함. / 스패너 질병

소비 평준화) 돈을 빌려서 서로의 소비가 비슷해짐.

only for Certified Public Accountant

MACRO ECONOMICS
CPA 거시경제학 마인드

제1판1쇄 | 2022년 6월 30일 발행
제1판2쇄 | 2023년 6월 30일 발행
제1판3쇄 | 2024년 9월 25일 발행
지은이 | 윤 지 훈
펴낸이 | 이 은 경
펴낸곳 | ㈜세경북스
주 소 | 서울특별시 서초구 방배천로26길 25 유성빌딩 2층
전 화 | 02 - 596 - 3596
팩 스 | 02 - 596 - 3597
신 고 | 제2013 - 000189호
정 가 | 6,000원

저자와의
협의하에
인지를 생략함

이 책의 모든 권리는 ㈜세경북스에 있습니다.
본 출판사의 동의 없이 내용을 복제하거나 전산장치에 저장·전파
할 수 없습니다.
Printed in Korea
ISBN : 979 - 11 - 5973 - 311 - 6 13320